国家自然科学基金重点项目：基金特大型工业企业数字化转型和创新能力提升的管理模式及应用研究（U21B20102）

国家自然科学基金面上项目：基于知识溢出的高校科技成果转化路径研究：高校弟子创业视角（72174186）

中国传媒大学校级科研培育项目：以创造力为核心的创新型员工全面报酬机制研究

| 光明社科文库 |

全面薪酬与员工创新行为关系研究

以传媒公司为例

杨　悦◎著

光明日报出版社

图书在版编目（CIP）数据

全面薪酬与员工创新行为关系研究：以传媒公司为
例 / 杨悦著 . -- 北京：光明日报出版社，2023.6
ISBN 978 - 7 - 5194 - 7299 - 3

Ⅰ . ①全… Ⅱ . ①杨… Ⅲ . ①企业管理—工资管理—
关系—企业创新—创新管理—研究 Ⅳ . ①F273.1

中国国家版本馆 CIP 数据核字（2023）第 105548 号

全面薪酬与员工创新行为关系研究：以传媒公司为例
QUANMIAN XINCHOU YU YUANGONG CHUANGXIN XINGWEI GUANXI YANJIU：
YI CHUANMEI GONGSI WEI LI

著　　者：杨　悦			
责任编辑：石建峰		责任校对：杨　茹　张慧芳	
封面设计：中联华文		责任印制：曹　净	

出版发行：光明日报出版社

地　　址：北京市西城区永安路 106 号，100050

电　　话：010 - 63169890（咨询），010 - 63131930（邮购）

传　　真：010 - 63131930

网　　址：http://book.gmw.cn

E - mail：gmrbcbs@gmw.cn

法律顾问：北京市兰台律师事务所龚柳方律师

印　　刷：三河市华东印刷有限公司

装　　订：三河市华东印刷有限公司

本书如有破损、缺页、装订错误，请与本社联系调换，电话：010-63131930

开　　本：170mm×240mm

字　　数：155 千字　　　　　　　　印　　张：12

版　　次：2023 年 6 月第 1 版　　　印　　次：2023 年 6 月第 1 次印刷

书　　号：ISBN 978 - 7 - 5194 - 7299 - 3

定　　价：85.00 元

前　言

近年来，全球经济整体增长缓慢，结构调整举步维艰，各国均把创新驱动作为经济增长的重中之重。创新是经济发展的直接动因，党的十八大对创新发展提出了一系列重要的思想和论断，创新发展被提高到事关国家和民族命运的高度，被摆到了国家发展全局的核心位置。党的十九大报告提出"加快建设创新型国家"，到2035年基本实现社会主义现代化，跻身创新型国家前列。面对新目标，创新是引领发展的第一动力，创新将成为实现中华民族伟大复兴的重要支撑。在国家实施创新驱动战略的大背景下，企业作为社会经济的重要主体，是国家经济发展的重要组成部分，在实施国家创新战略和创新驱动上具有"排头兵"的责任与使命。

在今天的商业环境下，越来越多的企业意识到，不能依赖过去的成功而长期生存，持续的成功需要新的竞争优势。不断创新是企业发展壮大和可持续发展的永恒动力和不竭源泉。企业需要把创新作为灵魂，以创新赢得未来，超越竞争对手，立于不败之地。

员工是企业的重要资产，也是组织创新的基本单位，组织创新最终要落实到每个员工个体上，企业创新的基石和核心是员工主动创新，企业若想取得具有优势的市场竞争地位，就必须鼓励全体员工创新思想和创新行为。企业如何增加员工的创新行为成为学者们关注的焦点。

在过去的几十年里，著名的研究人员，如 Teresa Amabile，Robert Eisenberger，Richard Ryan 和 Edward Deci 等人，从不同的视角进行了大量研究，以阐明组织奖励、员工的动机和员工的创造力和创新之间的相互关系。对这些因素及其相互关系的不断研究拓宽了该领域的现有知识，为进一步的研究和实践打开了新的视角。但在如何最有效促进员工创新行为上，存在着一定的共识和不可忽略的分歧，每个研究群体都有自己的观点。第一种观点认为，外在激励，尤其是经济型的奖励，会削弱员工的内在动机，从而削弱创造力，而内在激励则会起到相反的作用。另外一种观点认为，外部激励，甚至是承诺的奖励，都可以增强员工的创造力。可见，激励和创造力之间存在"复杂"的关系，对于任何管理者来说，成功地利用激励手段来提高下属的创造力和激发创新行为都是一项艰巨的任务，这需要经验、创造力、先进的管理技能以及从不同角度对激励机制及其要素的充分理解。

在众多激励手段中，最具实践性的激发创新行为和提升创新绩效的手段就是薪酬，然而在实践层面，很多企业为了提升员工创新力和激发员工的创新行为，投入了大量的资源，也通过薪酬等经济性手段激励员工创新，但并没有出现管理者期望的全员创新的热潮，甚至一些研发人员跳槽到其他公司后形成了技术突破或研发出新产品。可见，员工创新的激励机制极为复杂，虽然提高经济性薪酬可以提高员工的创新能力，但是其效果也会受到其他组织因素的影响，例如组织环境要素、员工创新行为的投入以及他们如何感知这种奖励的重要性等方面。为此员工创新激励的实践举措不断推陈出新，但提升员工创新行为的效果并不理想。

　　随着薪酬的内涵和外延发展，以及对薪酬与员工创新的关系的全面认识，薪酬影响个人创新行为和结果的内在机理值得深入系统的研究。并且，目前较多的研究集中于传统工业企业的创新，对于提供无形产品的服务业企业的创新研究较为缺乏。此外，对于薪酬的研究脱离不开社会文化背景，国外关于薪酬对员工创新的研究结论在我国适用方面也有局限性。这不仅影响了创新管理理论的系统发展，也同样使得企业管理者在实践应用时常常面临对创新的"激励不到和激励不足"问题。为此，本研究力图从最具实践性的薪酬管理角度切入，通过系统、深入地梳理国内外现有研究成果，清晰界定全面薪酬概念，综合考虑研究对象的细分、岗位特色、学历、年龄等因素，探讨全面薪酬对员工创新行为的影响机制，展开有针对性和实践价值的研究。并以传媒公司为例，试图验证员工创新行为相关影响因素及激励手段的作用路径，为员工创新激励提供可行的建议。

　　本书的完成离不开研究团队的通力合作，他们的辛苦付出使本书得以顺利完成。艾新新在写作思路和数据收集、挖掘分析方面做出了重要贡献。王悦莹、陈明瑜在英文资料翻译、参考文献整理方面做了大量辛苦的工作。高政翰整理了书中的案例资料并进行了细致的分析。王雅心承担了书稿格式、排版整理等烦琐工作。此外，国家自然科学基金和中国传媒大学培育项目为本书的出版提供了部分资金支持。出版社的编辑老师为本书的出版给予大力的支持和帮助。在此一并表示深深的感谢。

目 录
CONTENTS

第一章 绪 论

第一节 从工资到全面薪酬

几千年来，工作都是人们生活的一部分，尽管它有着悠久的历史，但许多研究者仍能从不同的视角对其进行研究。在大多数关于工作的定义中都可以找到一个共同点：工作是人类进行的一项有目的、有意义的活动，目的是创造某种有价值的产出。早在公元前 18 年，汉谟拉比法典中就规定了工作应获得的最低工资（Minimal Wage），"在白天漫长、工作相当辛苦的夏季，法规规定每天支付六吉拉的工资。在剩下的六个月里，工人每天必须得到五吉拉的工资。"早期法规规定的工资和费率反映了不同工作的报酬，关于最低工资和支付方式的信息也可以在不同的宗教教义中找到。《圣经》写道，"现在对于一个工作的人来说，工资不是作为礼物，而是作为一种义务""工人的工资是值得的"。《旧约全书》更强调支付工资的问题，"剥夺某人的生命或骗取雇员的工资是谋杀"。《圣经》还建议立即支付工作报酬，"每天日落前支付他们的工资，因为他们很穷，而且指望着工资。"《古兰经》也强调了工作和经济活动的重要性，其中也规定了工资和工作的对应关系，例如，"如果你想让一个替代者来照顾你的孩子，只要你按照可以接受的标准支付费用，你就没有责任"。佛教也提供了关于获取金钱的教义，"赚钱养家没有什么错，但我们必须懂得如何在不伤害他人和我们自己的情况下谋生"。

随着时间的推移，我们的文明进一步发展，新发明被引进，生活质量稳步提高。然而，在薪水（Salary）方面，大多数时候雇主只把它当作成本。18世纪，工业革命增加了对工作的需求，结果并不像人们想象的那么好。人们一天工作13个小时是很常见的，童工也是工作13个小时。此外，雇主对薪水的看法与现在大不相同。例如，当时的一位实业家马杰特说："工人永远不应该富起来，他必须挣到足够的钱来吃饭和穿衣服，但决不能再多，财富使人懒惰。"

幸运的是，这种看法正在改变。第一个决定用另一种方式经营自己公司的人是现代人事管理之父、人本管理的先驱罗伯特·欧文，他对当时很多资本家过分注重机器而漠视人的做法提出强烈批评，并采用多种办法致力于改善工人的劳动条件。在工厂里，欧文通过改变工厂设备的摆设和搞好清洁卫生等方法，为工人创造出一个在当时看来尽可能舒适的工作环境。他为工人提供宿舍，每间宿舍为两居室；注重绿化环境，在工人住宅的周围，树木成荫，花草成行，这对工人的身心健康大有裨益。欧文还专门为工人建造供他们娱乐的地方——晚间文娱中心。他改善了员工的工作条件，并引入了工作餐，设立工厂商店向工人出售比普通市场价格便宜的消费品，开办工厂子弟小学、幼儿园和托儿所，建立工人互助储金会。欧文的这些改革措施取得明显的成效，工厂利润得以增加，工人生活得到改善，这些措施可以被视为非财务薪水。

另一位改革者是英国发明家、电脑先驱查尔斯·巴贝奇，他在劳资关系方面，强调劳资协作，强调工人要认识到工厂制度对他们有利的方面。1832年，他试图鼓励雇主利用收益分享来奖励工人，这也同科学管理之父弗雷德里克·温斯洛·泰勒在几十年后发表的论点很相似。他提出一种固定工资加利润分享的制度，认为这种制度能够鼓励工人提高技术，表现不好者减少分享的利润，建立了每个工人同工厂发展和利润多少的直接利害关系，工人都会关心浪费和管理不善的问题，由于工人同雇主的利益一致，能消除隔阂，共求繁荣。

早期的学者主要关注的是经济性薪酬的激励作用，认为"工资"是激励员工的最佳手段。泰勒提出薪酬（Compensation）是建立在工作效率基础上的奖金制度（Bonus System），即差别计件工资制度（Differential Rate Piece Work）。他认为有效率的工人应该得到更多的回报，这样的制度将鼓励人们更好地工作。在差别计件工资制提出之前，泰勒详细研究了当时资本主义企业中所推行的工资制度，例如，日工资制和一般计件工资制等，其中也包括在他之前由美国管理学家亨利·汤提出的劳资双方收益共享制度和弗雷德里克·哈尔西提出的工资加超产奖金的制度。经过分析，泰勒对这些工资方案都不满意。泰勒认为，现行工资制度所存在的共同缺陷，就是不能充分调动职工的积极性，不能满足效率最高的原则。例如，实行日工资制，工资实际是按职务或岗位发放，这样在同一职务和岗位上的人不免产生平均主义思想，在这种情况下，"就算最有进取心的工人，不久也会发现努力工作对他没有好处，最好的办法是尽量减少做工而仍能保持他的地位"，这就不可避免地将大家的工作拖到中等以下的水平。又如，在传统的计件工资制中，虽然工人在一定范围内可以多干多得，但超过一定范围，资本家为了分享迅速生产带来的利益，就要降低工资率，在这种情况下，尽管工人努力工作，也只能获得比原来计日工资略多一点的收入。这就容易导致下面这种情况：尽管管理者想千方百计地使工人增加产量，但是工人则会控制工作速度，使他们的收入不超过某一个工资率。因为工人知道，一旦他们的工作速度超过了这个数量，计件工资就会降低。于是，泰勒在1895年提出了一种具有很大刺激性的报酬制度——"差别工资制"方案。泰勒的差别计件工资制度对工人士气影响的效果是显著的。当工人们感觉受到公正的待遇时，就会更加英勇，更加坦率和诚实，他们更加愉快地工作，在工人之间和工人与雇主之间建立互相帮助的关系。

同时，人际关系理论和科学管理运动的先驱者亨利·劳伦斯·甘特，他对奖励工资制做出很大贡献，人们一般称之为"任务加奖金制"（TaskWork With Bonus）。甘特认为对于管理者来说，工资和绩效是相互联系的。必须有高绩效才能创造利润，而利润可以用在支付更高的工资上，而更高的工资会产生更高的绩效。甘特着眼于工人工作的集体性，所提出的任务加奖金制具有集体激励性质。泰勒的差别计件工资制着眼于工人个人，甘特认为，泰勒的办法促进了管理者与工人之间的合作，但不能促进工人与工人之间的合作，而是促使工人进行单干。甘特在他的《劳动、工资和利润》中论述了他的任务加奖金制设想。按照任务加奖金制的设想，工人在规定时间内完成规定定额，可以拿到规定报酬，另加一定奖金（如50美分）；如果工人在规定时间内不能完成定额，则不能拿到奖金；如果工人少于规定时间完成定额，则按时间比例另加奖金。另外，每一个工人达到定额标准，其工长可以拿到一定比例的奖金；一名工长领导下的工人完成定额的人数越多，工长的奖金比例就越高。在科学管理的推行过程中，从旧的计日制工资下的缓慢工作速度，过渡到科学化的高速工作，肯定会有一段困难而微妙的转变。泰勒对于甘特的奖励工资制给予很高的评价，他说，甘特的这一制度性质稍微温和一些，这就使它灵活得多，在差别计件工资制不适用的多数情况下，也能适用。此后，哈林顿·埃默森将《效率是经营和工资的基础》一书与他的十二条效率原则相配合，创造了一种按工人的工作效率确定是否给予奖金和奖金高低的工资制度。这种工资制度的主要内容是：对生产的各个方面，用科学的方法来确定是否给予奖金和给予奖金的数额。这一制度的特点是，保障能力较差、工作效率较低的工人的奖金随工作效率的提高而逐渐提高，工人不断努力提高效率。但由于这种方法比较复杂，工人不易了解，需要增加管理费用，所以后来应用并不十分广泛。

虽然，从古典管理理论来看，薪水是实现高绩效的工具，尽管他们关注的是工作效率，但他们也看到了薪水的社会功能，并为其进一步发展奠定了基础。亨利·福特曾经说过："没有问题比工资问题更重要了，一个国家的大多数人靠工资生活，他们的生活水平和工资水平决定了国家的繁荣。"

随着社会经济的快速发展和人们生活水平的逐步提高，单一的经济性薪酬方式已无法满足企业员工特别是高层次员工日益多元化的需要。随着时间推移，行为科学理论应运而生，这些理论综合应用于心理学、社会学、社会心理学、人类学、经济学、政治学、历史学、法律学、教育学、精神病学等研究人的行为的边缘学科。行为科学理论研究人的行为产生、发展和相互转化的规律，以便预测人的行为和控制人的行为。它认为行为是人的思想、感情、欲望在行动上的表现，管理的作用就在于使人们因措施的刺激而产生一种行为动机。当他们产生不同的需求时，第一步就是有意识地引入新的工作奖励，这可能有助于满足这些需求。

行为科学引发了管理对象重点的转变。传统的古典管理理论把重点放在对事和物的管理上，行为科学与此相反，它强调要重视人这一因素的作用。行为科学认为，一切事情都要靠人去做，一切产品的生产都要靠人去完成，一切的组织目标都要靠人实现。因而，应当把管理的重点放在人及其行为的管理上，这样，管理的方法也发生了重大的变化，管理者由原来的监督管理转变为对人的行为的预测、激励和引导，来实现对人的有效控制。在管理的方法上强调满足人的需要和尊重人的个性，以及采用激励和诱导的方式来调动人的主动性和创造性，借以把人的潜力充分发挥出来。因此当管理者意识到工人不同的需求时，第一步就是有意识地引入新型的工作奖励来满足这些需求。与此相对应，企业界提出了"以职工为中心的""弹性的"管理方法，出现了"参与管理""目标管理""工作内容丰富化"等各种新的管理方式。这并不是变革的终点，它的演变仍然是可预见的。

二战后，定量管理方法发展起来，在薪水体系（Salary Systems）和相应的管理方法上，这种科学化的定量管理思想也不断体现出来。现在的薪水支出不再被视为成本，而是被视为投资，而且这些投资最终促使组织产生了一定的利润。与此同时，一些量化的指标，例如，人力资本投资回报（HCROI, Human Capital Return On Investment），它被管理者用来衡量人力资本投资回报，这个指标计算企业在薪水上每增加一元支出会增加的收入，能够较为精确地测算出哪些人事活动对企业业绩的影响最大。

随后，管理理论进入管理"系统化"时代，强调应用系统的观点，全面考察与分析研究企业和其他组织的管理活动、管理过程等，以便更好地实现企业的目标。这种思想对薪酬政策（Remuneration Policy）的设计也有很大影响。管理者也逐渐认识到，随着工作的复杂化，多种因素会共同决定劳动者的产出，无论企业中的薪酬体系（Total Compensation）还是激励制度，其实都反映了这一特征。由此，薪酬体系包括了基本工资（Base Pay）、福利奖金（Benefits Bonus）、短期激励或长期激励。

到了 20 世纪 70 年代和 80 年代，人才争夺越来越激烈，劳动就业关系出现了一些新特征，即从一位雇主的长期安全雇佣转变为几个雇主的"就业能力的雇佣"，跳槽成了员工的家常便饭。员工也意识到学习新的知识和能力的重要性，特别是对于知识型员工来说，职业发展是满足其自我实现的重要方式，他们迫切希望组织能够提供充足的机会以增强其就业能力和推动其职业发展，而那些不能为员工提供学习与发展机会的企业则越来越难于留住优秀人才。企业进一步认识到，薪酬和福利的战略规划可以使他们在快速变化的环境中占据优势。由此，相比过去相对简单的薪酬和福利规划，企业开始考虑薪酬福利与企业战略之间的影响关系。薪酬和福利方面的规划也受到了企业领导层的高度重视。埃德·劳勒于 1971 年提出全面薪酬的概念，将员工薪酬福利和企业发展紧密联系起来。20 世纪 90 年代，高效、战略化的薪酬福利计划虽然仍旧至关重要，但许多成功的公司已经意识到，他们必须从更广泛的角度来挖掘、吸引、激励和留住人才。

今天，企业经历了从一个高度工业化的商业环境到一个更加虚拟的、基于知识和服务的环境的演变，主要发生了以下重大转变：

7

1. 企业越来越像一个地球村一样运作，工作转移到世界不同地区，便于低成本劳动力的利用和技能差距的解决。

2. 技术不断革新给工作带来了巨大变化，不仅体现在许多工作中劳动者被自动化设备所替代，而且随着越来越多的专业人员在家庭办公室或偏远地区开展业务，虚拟工作场所已经成为可能。

3. 除了在企业高级管理层，妇女在整个劳动力队伍中基本上被一视同仁。

4. 更快的决策和更快的上市速度。传统的职位等级划分已经被侵蚀，团队合作是绩效评估中最常见的行为。

5. 工作流动性增强，工人在其职业生涯中，平均有六个雇主。

6. 性别、种族和宗教差异是大多数工作环境的常见状态。

7. 企业领导者越来越多地将员工视为生产力的驱动要素，而不仅仅是完成本职工作的劳动力。

伴随着这些变化，人们对薪酬的性质也有了截然不同的看法。在向知识型经济和服务型经济转型的过程中，雇主和雇员之间的关系也开始演变。将员工视为绩效驱动因素意味着要以不同的方式思考如何吸引、留住员工并让他们参与到工作中来。因此，全面薪酬成为满足这些需求的关键，全面薪酬概念的提出给了薪酬实践一个新的、全面的视角。

综上，从国外学者的观点来看，薪酬概念的发展经历了五个阶段：工资（Wage），薪水（Salary），薪酬（Compensation），薪酬体系（Total Compensation），总报酬（Total Reward）。在这个发展过程中，薪酬的内涵越来越丰富，全面薪酬已经成为战略性人力资源管理重要内容。总体而言，薪酬概念的演变是随人性认知由"经济人""社会人"到"知识人"的变化而不断拓展的。此后，从理论探索到企业实践，从部分弹性到整体弹性，从美国到其他国家，全面薪酬成为战略性人力资源管理的重要内容。其精髓在于兼顾企业和员工的价值取向，平衡两者的利益关系，将员工满意度和企业绩效有机联系起来，提升企业竞争优势。

表1-1 薪酬概念发展的五个阶段

阶段	定义
工资（Wage）	对员工付出劳动的财务性补偿，主要针对工人，按照工作时长、工作性质等支付，没有严格的周期。
薪水（Salary）	雇主按照雇佣合同，给员工按固定周期支付的财务性报酬。
薪酬（Compensation）	与薪水（Salary）非常相似，雇佣方对员工付出的劳务支付货币，同时也会涵盖一些福利，泛指员工的所有收入。
薪酬体系（Total Compensation）	涵盖的内容更为丰富，包括员工获得的与劳动付出相对应的财务性收入（基本工资、奖金、股票等）、各种医疗、养老保险和其他福利。
总报酬（Total Reward）	与薪酬体系（Total Compensation）更为接近，尽管很多时候，人们把二者混淆在一起，但是总报酬（Total Reward）更加强调报酬的整体性，它覆盖了员工在为雇主工作过程中呈现的全部价值和贡献，是为了能够吸引、激励和保留员工的一切手段。包括员工所有的财务性收入、包含基本保险在内的各类补充保险和福利计划（如：员工援助计划、健康激励及计划）、员工休息时间、职业生涯管理等。

第二节 全面薪酬概述

一、全面薪酬的定义

自从全面薪酬产生，它的定义就一直存在争议，人们在使用和理解这个词时存在较大差异。全面薪酬起源于 20 世纪 70 年代的美国，此后，从理论探索到企业实践，从部分弹性到整体弹性，不断发展，其精髓在于兼顾企业和员工的价值取向，平衡两者的利益关系，将员工满意度和企业绩效有机联系起来，提升企业竞争优势。

　　当前开放创新与零工经济情形下，基于"知识人"的人性需求发生了根本性变化，因而全面薪酬得到广泛关注。全面薪酬是一种资源分配计划，它提供一种更广泛的视角来看待组织可以向员工提供的及员工对组织所能承诺的一切，它超越了传统薪酬体系，囊括了工作场所提供的所有报酬，为挖掘组织发展潜力提供了机会。谭春平、景颖、安世民（2019）通过对全面薪酬构成要素演变历程的梳理发现，无论全面薪酬由哪些要素构成，均可分为经济性薪酬和非经济性薪酬。

（一）经济性薪酬

　　经济性薪酬可分为直接经济性薪酬和间接经济性薪酬。直接经济性薪酬是用货币给付的薪酬，能有效满足员工的物质性需求，属于硬薪酬要素，包含基本工资、可变薪酬、绩效奖金、加班津贴、利润分享、股票期权。间接经济性薪酬是不以货币支付但可用货币衡量的非现金形式的报酬，例如就业保险、社会救助、医疗费用支付、福利性薪酬等。"知识人"的需求是决定间接经济性薪酬制度的重要因素，不同类型的"知识人"期待不同的间接经济性薪酬组合，灵活的间接经济性薪酬对"知识人"具有较强的吸引力。通过提供大量间接经济性薪酬，组织可以对中等薪酬水平的员工进行补偿。每个组织可以根据自己的目标提供不同的间接薪酬计划，组织的经济状况以及一些体制因素也是决定间接薪酬制度的重要因素。

（二）非经济性薪酬

赵曙明首次将全面薪酬概念引入国内，认为非经济性薪酬包括组织提供的学习培训机会、重大决策参与权、良好的工作环境、领导的支持、科学的职业规划和个人发展、工作与生活的平衡等。非经济性薪酬能够满足"知识人"的内在心理需求，是对经济性薪酬的补充。向"知识人"提供合理的非经济性薪酬能提升其敬业度、满意度和忠诚度。对于"知识人"而言，如果能够在工作中获得更多的组织支持和工作资源，则会表现得更敬业。同时，组织为"知识人"提供专业的学习和培训机会能够帮助其不断获得新知识和新技能，以适应不断变化的、竞争激烈的环境；可预见的晋升机会可提升其工作上的主观能动性和创新性；科学的职业规划和个人发展能够帮助其拓宽晋升空间和技能。员工发展计划必须包括核心业务能力，并使员工有机会学习组织文化，进而帮助组织实现战略目标。

二、全面薪酬模型演化

经过近 20 年的理论与实践探索，学术界对全面薪酬构成要素的看法逐渐趋于一致，初步总结和提炼了全面薪酬的主要维度，但对每个维度的内涵还存在一定的分歧。自 20 世纪 90 年代中期开始，世界薪酬协会（World at Work）开始致力于倡导和推进这一模式。作为全球最具影响力的致力于薪酬理论研究和实践应用的非营利组织，美国薪酬协会 WAW 在全面薪酬理论探讨和实践应用中一直扮演着推动者的角色。21 世纪初，WAW 在总结多位薪酬领域专家研究成果的基础上，提出了第一代全面薪酬模型，在关注薪酬和福利的同时，将工作体验作为模型框架的重要组成部分。在此后十多年历经多次重大改进，全面薪酬模型在理论性和应用性方面得到了极大的改进和完善。各种类型的公司都开始接受并使用新型的全面薪酬体系，而且已经呈现上升的趋势。

（一）第一代三维度全面薪酬模型

2000 年，WAW 组织正式提出第一代全面薪酬模型，包括薪酬、福利和工作体验三个维度，其中，工作体验可进一步划分为认可与赏识、工作与生活的平衡、组织文化、发展机会及环境等五个因素。相较于传统薪酬模型，第一代全面薪酬模型实现了重大的理论突破，虽然仍将薪酬和福利作为主要部分，但工作体验作为辅助手段首次被提了出来。第一次从理论层面将员工薪酬划分为外在薪酬和内在薪酬，或有形性薪酬和无形性薪酬。内在薪酬因素的出现，对后续全面薪酬战略模型的发展奠定了基础。同时，在薪酬模型中引入短期环境和长期环境影响等环境变量，也提醒企业在具体实施全面薪酬战略时，要更多地考虑市场的外部宏观环境和企业内部微观环境的影响。这一模型中，薪酬和福利是用于吸纳、保留和激励员工的基础，而置身于组织所获得的工作体验则发挥着重要的杠杆作用。但是，第一代模型也存在着不少不足之处，如缺乏如何更好地对员工实施激励，进而促进组织绩效改进的机制研究。

（二）第二代四维度全面薪酬模型

2000 年至 2005 年期间，由于更多的企业逐渐认识到了内在薪酬对员工激励的重要性，越来越多的企业开始尝试使用组织全面薪酬。得益于全面薪酬模型在实践中的广泛应用，有关全面薪酬的文献与案例研究日益增多，全面薪酬研究也迅速发展，不同的研究与咨询机构、学者专

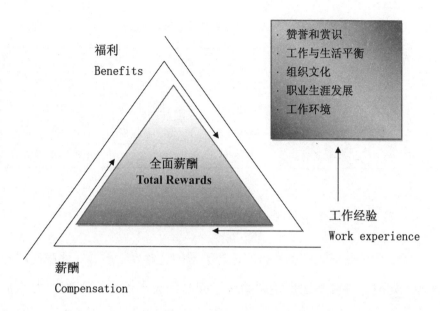

图 1-1 WAW 组织第一代全面薪酬模型

家在全面薪酬概念的基础上陆续提出了丰富的理论与操作模型。在此背景下，作为对全面薪酬理论与实践发展的阶段性总结，WAW 组织于 2005 年又将全面薪酬四维度模型的内涵和外延进一步界定，同时还在此基础上对货币工资、福利、学习与发展、工作环境这四项内容进行了细化，划分出 16 个具体细项。这一界定为实践和理论界研究全面薪酬提供了基本依据，并扩展至全球组织的应用和研究领域。

第二代模型明确了全面薪酬的概念，新的全面薪酬模型重新审视了组织与组织中人的价值，将多种激励方式有机地整合在一起，明确定义全面薪酬为用于吸纳、保留和激励员工的各种手段的整合，任何员工认为具有价值的东西都可能成为全面薪酬的一部分。与前代相比，内在薪酬的作用在二代模型中被进一步地加强和重视，传统薪酬中的工资和奖金等外在薪酬，只有进一步整合了内在薪酬以后才能发挥更大的作用。

表1-2 WAW 组织第二代全面薪酬模型

维度	细分			
货币工资	基本工资	变动报酬	认可奖励	股票计划
福利	健康保险	退休保障	储蓄计划	休假
学习与发展	职业发展	绩效管理	继任者规划	培训
工作环境	组织氛围	领导力	绩效支持	工作—生活平衡

（三）第三代五维度全面薪酬模型

第二代全面薪酬模型发布后，在美国的企业界引起了好评和使用的浪潮，同时，各种问题也接踵而来。互联网技术的动态平衡能力非常强，算法日趋成熟，自由职业者大量涌现，驱使零工经济到来。企业可以找到更有创意、更有灵活性的研究者、科研工作者或者创新者，可以非常方便地帮助有需求的企业进行创新。人性需求思想的发展带来了管理思想的变革，就是从传统的"经济人"到"社会人"，再到"复杂人"，现在是"知识人"。

组织开始关注对"知识人"的非雇员管理。"知识人"拥有更高的思想觉悟和更强的知识能力，他们加入零工经济并非完全追求经济收入，他们甚至可能会为了纯粹做一些公益性事情而工作。"知识人"需要的是个人成长的空间、工作的自主权、业务成就感以及作为个人努力回报的金钱，是更高层次的自我实现，此外"知识人"相较于其他类型的员工更关注工作与生活的平衡。可见，知识型员工所获得的激励动力，更多来自工作的内在报酬和满足感，知识型员工管理中的重要激励模式是自我激励。企业应通过创造一定的条件，促进员工的自我激励。诸如价值创造、学习与成长机会之类的非经济性薪酬是其追求的核心要素。

　　为此，WAW 提出了改进后的模型，也就是最新的第三代全面薪酬战略模型。第三代全面薪酬模型包括了薪酬、福利、工作和生活的平衡、绩效管理和赏识、学习和职业发展五大模块，涉及的内容更加全面、丰富和准确。全新的全面薪酬模型，以战略人力资源管理的视角，明确提出了全面薪酬必须与企业的人力资源战略、组织文化和业务战略相匹配，并阐明了全面薪酬发挥作用的重要机制，即通过激励员工提升员工敬业精神，从而达到为组织做出更大贡献的目的。第三代的模型同时也要求有效实施全面薪酬要关注企业经营状况、所处发展周期、企业战略和文化等多个方面，还受到外围法律政策和社会经济发展水平的影响，这些内外部因素必须同企业的人力资源战略相匹配。只有这样才能达到期望的效果。

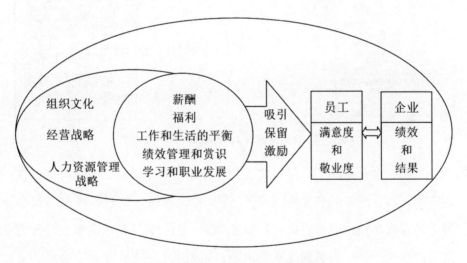

图 1-2　WAW 组织第三代全面薪酬模型

三、全面薪酬的构成

　　关于全面薪酬的构成，国内外学者有很多不同的归类方法，但内容大体相同，根据 WAW 的第三代全面薪酬模型，可知全面薪酬构成如图 1-3 所示。

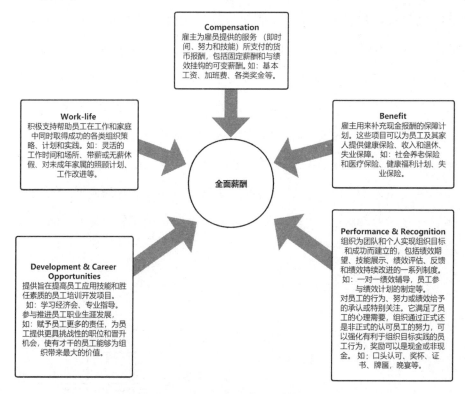

图 1-3　全面薪酬（Total Rewards）的构成

可见，全面薪酬不仅仅是关注员工外在的有形薪酬，而同时也关注内在的无形薪酬。外在薪酬主要包括财务性酬劳、福利、津贴、奖金等，是管理者使用最普遍的一种薪酬类型。内在薪酬是指由于自己努力工作而受到晋升、表扬或受到重视等，从而产生的工作职业安全感、荣誉感、成就感、责任感，是员工从工作本身所获得的心理收入。一般而言，员工和管理者都更注重外在薪酬，这种外在薪酬，看得见摸得着，比较容易定性衡量，可以在不同个人、工种和组织之间进行比较。内在薪酬却很难与员工绩效建立起直接联系，管理者也无法直接控制员工内在薪酬的获得感。外在薪酬与内在薪酬之间有着十分密切的联系和相互作用的关系。在某些情况下，特别是在与他人的比较中，外在薪酬可能是内在薪酬的符号与象征；在另一些情况下，外在薪酬可能掩盖内在薪酬不足的情况，如工作的职业安全性差、自主感低下，具体表现为职员以要求提高外在薪酬的方式来弥补他们对缺乏内在薪酬的不满。可见，全面薪酬既考虑到了对员工的激励作用，又兼顾了对员工的基本保障和心理需求。

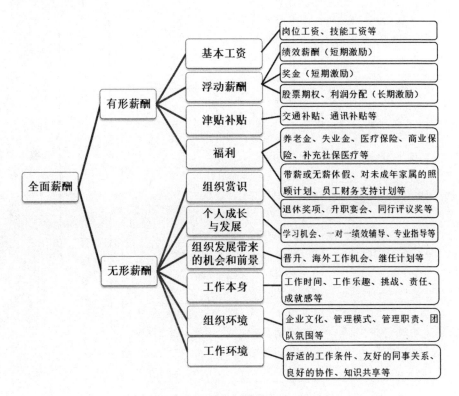

图 1-4　全面薪酬的支付形式

外在薪酬的主要支付形式有基本工资、绩效工资、奖金、津贴、补贴、福利、各类保险等，主要用于满足员工生理、安全等较低的心理需求以及肯定、表扬员工对组织的突出贡献。内在薪酬支付方式主要有口

头表扬、工作认同、晋升机会、发展前景、奖项荣誉、工作环境、企业
培训、平衡员工工作和生活的各类实践等，主要用于满足员工社交、尊
重和自我实现的心理需求。

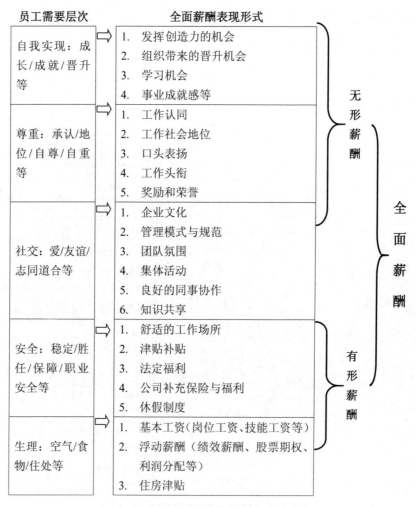

图 1-5　全面薪酬因素和需要层次对应图

四、全面薪酬的作用与优势

全面薪酬不同于传统薪酬的激励作用，从根源上讲来自对员工个体

需要的全面把握。全面薪酬区别于传统薪酬，很大一部分是由于引入了非货币报酬的要素。而外在薪酬和内在薪酬的结合会产生以下共同作用：

（1）全面薪酬具有吸引员工的作用。全面薪酬制度将员工的内在薪酬体系与外在薪酬模式进行充分融合，在进行物质激励的同时兼顾员工精神激励，从而在较大程度上实现员工满意度与企业向心力的提升，更加有助于企业对优秀员工的吸引与激励。相比传统薪酬，全面薪酬增加了精神激励的内容，更容易吸引有能力的员工。现在的大多数员工，尤其是知识型员工对于货币薪酬的重视程度减弱，反而越来越重视精神激励等内在薪酬形式，全面薪酬恰好满足了员工对精神激励的需求，能够起到吸引员工的作用。

（2）全面薪酬具有保留员工的作用。员工离开组织的原因很多，一个非常重要的原因就是对薪酬不满意。很多企业为了留住员工，不断地提高薪酬水平，却仍然抵挡不住居高不下的离职率。事实上，员工并非机器，在追求高工资的同时也有其他追求，如果员工其他方面的需求一直得不到满足，即使工资水平再高，员工也会选择离职，而全面薪酬相当于给"生病"的员工"对症下药"，满足了员工的需求，员工自然就愿意继续留在企业。全面薪酬在降低员工离职率的同时，也为企业节省了薪酬成本。

（3）全面薪酬具有激励员工的作用。货币薪酬和福利维度能够为员工提供生活保障，货币薪酬和福利的增加会激励员工努力工作从而获得更高的工资。但是货币薪酬上升到一定程度之后，即使继续增加，其激励作用也不再增加，此时工作生活平衡、绩效管理及认可奖励、职业发展和职业机会这三个维度的激励作用就更加明显，对于注重精神激励的知识型员工更是如此。

相较传统薪酬体系，全面薪酬具有以下几个方面的优势：

（1）强化战略导向性。全面薪酬管理的关键就在于以企业战略为导向，充分融合企业发展模式与管理理念，制定更加适合企业实际经营情况的薪酬战略。它从多个维度着手，充分考量可能影响企业绩效的薪酬和其他各种因素，运用对应的解决方法与思路来达到企业预期并实现目标，从而最大化发挥薪酬对组织战略的支持作用。全面薪酬制度更加关注对企业经营绩效提升的支撑，通过传递企业价值观、绩效期望以及绩效标准，鼓励员工向企业预定目标努力，并对与企业经营目标同向运动的行为给予多层次激励。

（2）注重人本位管理。全面薪酬各个要素的引出从员工内心的需要出发，对员工需求的宽度和广度开展了充分的探索，这充分体现了以人为本的人性化管理。在实施全面薪酬体系时，更要加强对人性的管理，人力资源经理要深入了解员工的心理诉求、思维模式、成功意愿，设计出能充分调动员工积极性的激励方式。

（3）更加符合知识型员工的需要。从需要层次理论出发，知识型员工相比其他类型员工更加注重个人发展以及成就感的获得。因此全面薪酬中接任计划、培训、职业发展都有利于知识型员工的个人发展以及成就感的获得，因此全面薪酬对知识型员工会起到很好的激励作用。

（4）全面提升组织承诺。员工总是期望完成任务后取得适当的报酬，物质和精神上的报酬使员工的需要得到满足。员工满意度由企业的薪酬制度所决定。如果员工所取得的报酬不是员工所需要或者员工觉得制度不公平时，员工对组织的承诺就会弱化，甚至最终选择对企业不忠或离职。所以，企业应针对不同类型的员工、不同类型的组织的需求进行通盘考虑，同时理解组织成员的差异，使员工致力于企业绩效的实现。薪酬要素更好地满足员工需求时，能更有效地支持企业战略执行，因此，将员工的需求满足和组织竞争优势相联系是全面薪酬的另一核心思想。

（5）加强组织内部沟通。全面薪酬制度强调通过重视制定和实施全面薪酬管理制度的过程，把制订计划的过程本身看成一种沟通的过程，系统地将组织价值观、使命、战略、规划以及组织的未来愿景传递给员工，界定好员工在上述每一种要素中将要扮演的角色，从而实现企业和员工价值观共享和目标认同。

五、全面薪酬战略

薪酬战略是企业战略的重要组成部分，也是薪酬体系的指挥官，它的根本点立足于企业竞争优势的获得，而对于创新型高新科技企业而言，这种竞争优势即为创新，也就是说，争取更高质量、更多层次、更大数量的知识型员工，并激发其工作积极性，扩大其工作参与度，是薪酬战略的根本落脚点。

在传统薪酬战略下，基本薪酬是指单位支付给单位员工的绝大部分报酬；绩效加薪是在员工基本薪酬的基础上通过晋升、绩效加薪；可变薪酬就是单位给予员工奖金；间接薪酬就是单位对员工的福利。

在社会经济文化不断发展的今天，随着信息技术的广泛应用，市场竞争的加剧，员工的工作动机和工作性质变得越来越复杂，薪酬管理作为起着激励和约束功能的体系，已经不再停留在简单的操作、技术和制度层面，而是一种有效地支持人力资源管理企业战略实施的重要手段，已经逐渐被纳入企业战略的框架，成为保证企业战略实施的重要工具。战略性薪酬管理手段从传统薪酬战略向全面薪酬战略变革。越来越多的企业开始运用全面薪酬战略驱动，即薪酬制度与公司战略和业务有机结合起来，使薪酬战略与管理有效地促进人力资源管理战略，通过提高人力资源管理水平，有效地促进公司战略和业务战略的实施。

全面薪酬强调了薪酬的整体性，将薪酬分为"外在薪酬"和"内在薪酬"两大类。外在薪酬与内在薪酬的激励方式不同，功能不同，但其都是为了提升员工对于单位的认可度，提高单位员工的工作稳定性和积极性，两者之间互相联系，两者不能缺其一。全面薪酬概念提出后，虽然经过许多专家学者论证，不断丰富其理论体系，也产生了不少的流派，但真正在实践领域对该理论体系进行大力推广并取得实效的，还要数美国薪酬协会。美国薪酬协会十分重视"全面薪酬"的概念，甚至将协会本身的名称也改为了"全面薪酬协会"（该组织现由美国薪酬协会与加拿大薪酬协会合并组成，以下简称组织）。目前，组织提出的全面薪酬战略，已成为北美地区应用率最高的薪酬管理战略。

全面薪酬协会将全面薪酬战略定义为："所有能够吸引、保留、激励员工的可行方案，它包含使员工从雇佣关系中感知到价值的所有东西。"这一定义借鉴了人际关系领域方面的研究，突破了传统货币薪酬和福利定义的范围，并强调了员工认知的作用，也为实践中对知识型员工的激励提供了理论指导。根据企业经营战略和组织文化制定的全方位薪酬战略，要着眼于可能影响企业绩效的薪酬的方方面面，最大限度地发挥薪酬对组织战略的支持。全面薪酬战略关注的是员工的绩效，这就要求各单位要针对不同群体设计不同的薪酬方案，无论是"内部"还是"外部"，都要适应不断变化的环境。

第二章　员工创新行为及其影响因素

第一节　创新与创新行为

一、创新

"创新"一词有着丰富的内涵，《英汉大词典》中将创新定义为
"破除旧的，建立新的"。人类的进化史中充满创新，人们不断尝试新
颖、独特的事情来改变自己和环境。

"创新"一词首次出现，是在美籍奥地利经济学家熊彼特 1912 年
出版的《经济发展理论》一书中，该书首次提出创新的基本概念和思
想，开启了各学科对创新的研究。而后在其所著《商业周期》（1933 年
出版）中，熊彼特认为"创新"是一个经济概念，将"创新"定义为
"建立一种新的生产函数或供应函数"，即把一种新的生产要素和生产
条件的组合运用到生产体系中，从而形成一种新的生产要素或生产条件
的组合，其目的在于获得潜在的超额利润，并且把这种创新行为的主体

看作是企业家（Schumpeter，1934）。不同于早期大多数研究者将"创新研究"等同于"技术创新研究"，熊彼特的创新概念内涵丰富，涉及技术性变化的创新及非技术性变化的组织制度创新。

这一概念的提出，是思想、产品、流程或者组织中的根本性、革命性改变，将一种从来没有过的关于生产要素和生产条件的新组合引入生产体系，引起了学术界的关注和重视，使得国内外学者就此开展了大量以创新行为为主题的相关问题研究，并收获了丰富的学术成果，对创新管理理论和组织行为理论的完善和发展做出了较大贡献。1950年熊彼特去世后，追随者继承其思想形成了两条相对独立的研究路线：一是技术创新论，二是制度创新论。20世纪70年代，美国学者纳尔逊和温特提出了创新的进化论，推动了技术创新与制度创新的融合，他们认为创新是一个整体概念，包括技术上的创新，也包括组织上和管理上的创新。此后，许多学者（谢章澍，许庆瑞，2004）在更广泛的范围内开展了技术、组织、制度、管理、文化的综合性创新研究，使得企业全要素创新管理体系越来越健全。越来越多的研究拓宽了研究范围，将非技术要素也视为创新的一部分。台湾学者蔡启通（1997）总结了前人对创新的定义，提出了以下四类对创新定义的观点：

（一）产品观点

以产品观点定义组织创新的学者重视创新所产生的结果，其衡量创新是以具体的产品为依据。产品观点的学者认为组织创新指组织产生或设计新的产品（Burgess，1989），可以以具体的新产品成功上市数量来衡量组织创新（Blau & Mckinley，1979；Kelm，Narayanan & Pinches，1995；Kochhar & David，1996）。

（二）过程观点

以过程观点定义创新的学者认为创新是一种过程，重视从一系列的过程和阶段来评估创新。例如，Amabile（1988）认为组织创新包含设定课题、拟定进展阶段、产生创意、创意实行、结果评估五个阶段。他们依据过程而非产品的"结果"来定义创新（Drucker，1985；Kanter，1988；Johannessen & Dolva，1994）。

（三）产品及过程的观点

以产品及过程观点定义创新的学者认为应该以产品及过程的双元观点来定义创新，应将结果及过程加以融合。该观点认为组织创新涉及新产品及新流程的设计与配合。

（四）多元观点

主张此观点的学者认为不管是产品观点还是过程观点，大多注重企业的技术创新层面，对于管理政策或措施等管理创新层面有所忽略。因而主张采用兼顾"技术创新"（包含产品、过程及设备等）与"管理创新"（包括系统、政策、方案及服务等）来定义组织创新（Damanpour，1991；Russell，1995；Robbins，1996）。

如今"创新"已经从熊彼特定义的一个经济学概念演变成一个新的管理学概念。本书认同多元观点，创新是指组织内部自然产生或向外购得的某项活动，而该项活动对于采用的组织而言是新的，并将创新分为管理创新和技术创新。管理创新是指组织在计划、组织、用人、领导、控制及服务等方面的创新，包括用人与管理创新以及组织与规划创新两个因素。技术创新是指组织在产品和服务、工艺流程及设备方面的创新，包括产品服务创新和工艺流程创新。

二、创新行为

中文的"创新行为"与英语里的 Creativity 和 Innovation 这两个概念都有关系。在过去二十年中，西方多数理论家把 Creativity 定义为有关产品、实践、服务或程序的想法（Ideas）的开发，并且这些想法是新颖的，并对组织有着潜在的作用（Amabile，1996；Shalley，Zhou & Oldham，2004）。简单地说，Creativity 就是开发有用的新想法、新思路。同时西方学者认为，Innovation 与 Creativity 虽然联系密切，但本质不同。Innovation 指的是新颖有用的想法在个体、群体或组织水平上的贯彻执行（Amabile，1996；Anderson & King，1993；Mumford & Gustafson，1988）。由此可见，Creativity 指的是创造出新颖、有用的想法、观点，而只有当这些想法、观点得到成功地执行时，才会被认为是革新（Innovation）。因此西方学者认为想法、观点的创造（Creativity）是后续革新（Innovation）所需要的第一步或前提条件（West & Farr，1990；Shalley，Zhou & Oldham，2004；Shalley & Gilson，2004）。

创新行为，指的是创新所发生的过程以及创新之后的结果（Morse et al.，2011；Miotti & Sachwald，2003）。创新的过程可以是由单个的个体或者在一起工作的群体共同实现（Amabile，1988）。创新行为抓住了创新的几个重要方面：第一，它包括内部构思和外部采用的创新；第二，它强调创新不仅仅是一个创造性的过程，还包括应用和开发；第三，它强调在一个或多个层次上的预期收益和增值；第四，它将人们的注意力引向了创新的过程和结果。

组织创新行为是创新过程的基础，创新是产生创新机制的一部分。组织的创新能力是成功利用发明资源和新技术的前提条件。新技术的引进往往给组织带来复杂的机会和挑战，导致管理实践的变化和新组织形式的出现，组织创新行为和技术创新行为是相互交织的。熊彼特（1950）将组织变革、新产品和流程以及新市场视为"创造性破坏"的因素。一般而言，组织创新行为的分析单元是组织，主要研究目的是识别一个创新组织的行为特征，或确定组织创新行为这一变量对产品和过程创新的影响。

而且，部分学者强调组织认知和学习理论对创新行为的重要作用，是组织创新行为的认知基础，这被视为与学习和组织知识创造过程有关。这一研究观点为了解组织创新活动提供了一个微观视角。另外，部分组织创新行为研究还涉及组织结构的变革和适应，以及创造新组织形式的过程。它的研究重点在于了解组织是否能够克服惯性，适应激进的环境变化和技术变革。在这方面，创新不仅仅作为一项行为被看待，而且被认为是一种能力，以应对外部环境的变化。它将人们的注意力引向了创新的过程和结果两个角色。

三、员工创新行为

随着创新理论与实践的不断发展，研究者对企业的创新方式也进行了新的思考和定位。在创新的众多要素中，创新人才是最基础、最重要的构成要素，是企业可持续发展的关键性要素（周叶，王青青，2019）。企业想要获得生存空间和竞争优势，就必须依靠创新。处于组织环境中的个体是组织创新的具体实施主体，个体的创新是组织创新的根源。员工作为企业的主要创新主体，他们的创新行为是企业创新的重要因素，对其进行开发和激励，能够为提高组织创新绩效、促进企业持续发展提供有效途径。因此，员工的创新行为便成了创新研究的重中之重。然而，组织内部个体的创新行为并不完全是自发产生的，组织必须发挥引领作用，引导员工在工作中产生创新行为。

20 世纪 80 年代后期以来，个体层面的创新行为一直是学术界的热点课题。国外学者 Kanter（1988）认为个体创新行为分为三个阶段：第一个阶段是它从何而来；第二个阶段是个体就已产生的创意寻求认同或支持；第三个阶段是个体推进实施自己的创意。Amabile（1988）认为个体创新主要包括新颖的创意点子和创新的工作方法两大部分。Scott 和 Bruce（1994）认为个体创新始于对问题的认知和概念的产生，就创意点子寻求支持和帮助，将创意点子付诸实践，形成成果输出，员工创新的过程可以是由单个个体或者在一起工作的群体共同实现。Zhou 和 George（2001）提出个体的创新行为不仅是产生创新的想法，还应该涵盖个体创新全部过程，从产生创新构想到形成创意内容、推广发展所产生的创意内容并付诸实践。

Kleysen 等（2001）在回顾了前人关于创新的大量文献资料的基础上，将员工创新定义为组织中任何层级可以由有益的创意产生、导入及应用的所有行为；新产品构思或科技发展、为了改进工作相关事宜所做的改变，以及通过新构想或科技以期实现显著提升工作效率都涵盖在有益的创新中，并且将个人创新行为归纳总结为五个阶段：探求机会、提出想法、展开调研、找寻资助、投入实践。

随后，王贵君（2014）借鉴 Kleysen 等对员工创新行为的定义，将企业员工创新行为界定为：员工将有益于企业发展的创新（构想、意愿、行为、成果等）产生、导入以及应用于企业任何一个层面的所有个人行为。员工创新需要借助组织资源，需要运用个体的知识和能力，以提出有价值的新思想或创造有价值产品的活动和行为作为标志。员工的创新行为具有自主性、不确定性和风险性，创新行为不仅在员工之间存在差异，在同一位员工不同的时间阶段也存在着差异（孙甫丽等，2019）。在综合分析前人研究的基础上，结合本研究的情境和具体需要，本研究将员工创新行为定义为员工在相关的组织活动中，产生、促进和实施创新性想法，并付诸实践的过程。

第二节 员工创新行为的影响因素

近年来，对员工创新行为的研究是组织行为学领域研究的热点之一。国内外学者纷纷对影响员工创新行为的因素进行了分析。一些学者认为员工创新行为受到个体兴趣、创造力、自主性、内驱力和个体心理状态的影响，也有一些学者认为员工创新行为与组织创新氛围之间的关系非常密切，其中积极的一面包括了团队激励、资源支持、领导认同、领导效能、工作挑战性和环境因素等。还有部分学者认为员工个体之间和个体与环境互动存在复杂性，社会民主氛围、家庭环境、宗教信仰等都会对员工创新行为产生影响。所以，通过文献梳理可知，个体层面、组织层面和社会层面的因素共同影响着员工的创新行为。

一、个体层面

（一）创造力

有关创造力（Creativity）的相关研究最早是由 Guildford（1950）提

出的，他认为创造力是员工身上所具备的一种特质，如体现在个体身上的灵活性、探索性等，并且它表现出连续性特征，是一种促使员工进行生产创造和创新行为的动机，Guildford 关注创造型个体的特点以及行为，对随后该领域的研究起到了重要的主导和推动作用。Amabile（1983）提出创造力成分模型，创造力主要由工作领域专业技能、创造力相关技能和工作动机三种要素组成，如图 2-1 所示。

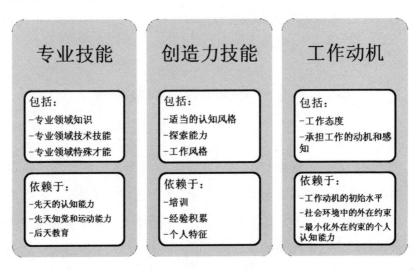

图 2-1　创造力三种要素组成

就创造力与创新行为的关系，很多学者进行了深入的研究。有学者认为创造力是创新的第一阶段，创造力与创新是递进关系，创造力属于创新的一部分（隶属关系）。创造力更多是指创意的产生源泉，而创新则是实现新想法、新流程或新产品的后续阶段（Amabile，1996）。也有学者认为创造力与创新之间没有严格的界限。首先，创造力不只出现在创新过程的早期阶段，而是在各个环节均有体现，Paulus 等（2016）在其研究中提出了一个新想法产生并实现的过程模型。此外，还有学者认为，创造力与绝对的、真正的新颖有关，而创新行为过程中的新想法只是相对新颖，但有学者提出反对意见，认为创新可能既包括绝对新颖和激进的想法，也包括相对新颖和渐进性的想法。

在个体创造力与创新方面，Amabile（1996）、Shalley 和 Oldham（1997）发现创造性活动需要一些内在的、持续的动力使人们在创造性工作中坚持下来，创新内在动机与员工的创造力呈正相关。Yang 等（2008）对害羞程度和中庸程度在创造力和创新行为之间关系的调节作用研究则增强了两者之间正向关系的解释力度；在个体创造力与个体创新行为关系方面，王国猛等（2016）基于情绪社会构建理论，表明情绪创造力与员工创新行为之间是一种正向关系。杨刚等（2019）研究了在以道德推脱为中介的条件下，员工创造力对员工使用非正式手段来践行创新想法的创新行为的影响。

（二）个人兴趣

创新依赖人们对问题的综合理解和深度思考，从目前的研究来看，兴趣与综合理解和深度思考之间的关系非常密切（章凯，张必隐，1996；章凯，李滨予，张必隐，2000；章凯、张必隐，2000），因此，对创新来说，兴趣是创新行为最重要和最主要的内在动力。

兴趣发生的需要假设主张人的兴趣是在需要的基础上发展起来的，认为兴趣产生于个体在与环境相互作用时一定对象对个体需要的满足。兴趣发生的认知假设主张兴趣产生于个体的智力活动或思维过程，而与需要、情绪并没有直接的联系，Iran-Nejad 和 Cecil（1992）明确提出，兴趣既是学习的原因也是学习的结果，并将兴趣定义为"对内部知识的建构性的、动力性的和创造性的重新概念化（reconceptualization）"。兴趣发生的信息假设强调智力活动中信息的获得在兴趣发生中的关键作用，同时它也不否认兴趣与需要、情绪的联系。

需要假设似乎过于笼统，这种观点不能够把兴趣和其他情绪的发生机制区别开来，难以完整地说明兴趣是如何发生的。认知假设强调兴趣与智力活动的关系，认为引起兴趣的智力活动是建构的、自我调节的、创造性的过程，这实际上是在强调引发兴趣的智力活动在本质上不同于认知心理学所说的一般意义上的认知加工，这一点与信息假设有一致之处。但它把兴趣推向了一个极端，使之与动机、情绪完全割裂开来，这与大量的研究事实不符，也会片面地理解兴趣发生的机制。信息假设在一定程度上能够包容需要假设和认知假设，可以说是一种较好的、也很有前途的理论假设。不过，相关的学者们并未有意识地、科学地使用信息概念，也没有对兴趣、认知、情绪等因素的关系进行很好的说明。

从兴趣理论来讲，兴趣的发生与学习目标、获取信息的强烈愿望、与探索活动有关的自我效能和必要的信息源及研究条件有关。设立创新目标、领导者对创新的鼓励与支持、鼓励创新的组织气氛和文化等因素显然有利于促使员工确立学习目标，增强获取信息的愿望，提高创新的自我效能；工作的复杂性、支持性的组织结构和人力资源政策以及资源的丰富性则为兴趣的产生提供了外部条件。

（三）个人心理状态因素

受外界影响的心理状态（例如动机、情感和情绪）容易被激发，从而对个体创造力的发挥起着重要的作用。因此，这些心理状态因素逐渐成为关注个体层面的研究者的研究重点，主要集中在创新自我效能感、五大人格和角色认同等领域（Anderson et al.，2014）。对于个体创新行为的研究，早期心理学家特别关注个体心理变量对创新行为的影响作用，其中涉及员工的人格、认知和思维等方面。

近些年，研究者对这些个体心理变量进行了深入的研究。Yesil 等以土耳其的酒店员工为调查对象，研究结果表明人格与个人创新行为呈正相关关系，他们认为人格是影响个人创新能力的重要因素之一，对于工作场所的个人创新行为具有重要意义。Mussner 等结合偏最小二乘法以及结构方程模型，研究考察了职业道德对个人创新行为的影响。他们认为这些根深蒂固的个人价值观可能不受组织章程的影响，因此建议为了激发个体创新行为，加强对创新行为前因的认识，提高一个人采取创新行为的价值倾向，塑造与工作有关的价值观非常重要。因此，在考察个人创新行为的复杂过程时，考虑个人差异和心理因素的联系是非常重要的。

就个体层面而言，知识和价值观是影响员工创新行为的重要前置因素，也是基础因素，知识和价值观通过行为态度、知觉行为控制和个人规范等中介变量影响员工创新行为。企业应从知识、价值观影响创新行为的途径出发，增加员工的知识存量，塑造员工的创新价值观，使员工对创新行为持有正向的行为态度，降低员工实施创新行为的难度，促进创新行为的实施。

Ajzen 提出计划行为理论，指出个体行为受行为态度、知觉行为控制和规范三个因素的影响。Stern 提出价值观—信念—规范理论，认为价值观使个体产生对某种行为的执着信念，从而内化为规范（个人自我要求的行为标准），这种行为标准驱使个人实施行为。"知信行"理论是一般的行为理论，它认为个体行为的改变存在"知""信""行"三个过程。个体具备知识，同时对知识进行积极的思考，上升为信念，才可能持有积极的态度去改变行为。

综上，从个体层面来看，员工创新行为的最直接影响因素是行为动机，而其他因素都是经由动机来影响行为的。行为动机受到行为态度、知觉行为控制、个人规范等因素的影响，个体特征、知识技能、个体兴趣和价值观作为创新行为的远端决定因素，通过行为态度、知觉行为控制、个人规范等中介变量对创新行为产生影响，如图 2-2。

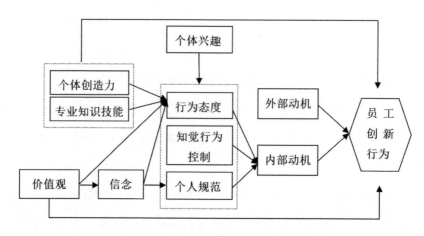

图 2-2　员工创新行为的个体层面影响因素

二、组织层面

仅从个体层面关注影响员工创新行为的动力机制，提高员工的创新能力与动力，是不够全面的，组织因素的影响也非常重要。

一些学者主张，员工创新行为与环境因素关系密切（张剑、郭德俊，2003）。Harrington（1990）认为，关于人类创新行为的研究应当把创造性加工、创造性个体与创造性环境联系起来进行考虑。Csikszent-mihalyi（1999）认为从广泛的历史观点看，创新是个人（Person）、专业领域（Domain）和业界（Field）三个子系统相互作用的结果。从系统的观点看，专业领域与业界人士可以被认为是个体创新活动的环境。

专业领域为个体传递信息，影响个体进行创新活动的知识与能力；业界对个体所制造出的变化进行选择，对个体的创新活动产生激励作用。

越来越多的研究发现，组织环境因素对员工的创新行为有显著影响（Shalley, Zhou & Oldham, 2004；Woodman, Sawyer & Griffin, 1993）。总体来说，影响创新的组织因素主要包括几个方面：工作因素、领导风格、组织文化、激励手段、制度政策因素、人际关系因素以及资源丰富性因素。下面分别介绍这些主要因素。

（一）工作因素

工作能力强、受教育年限相对高、能做好日常工作的员工以及从事相对复杂工作的员工，更愿意参与到创新活动中。能做好日常工作的员工，在完成程序性的工作过程中，累积的自信心和工作经验对创新信念会产生推动作用。而相对复杂的工作，往往需要员工在工作中创造性地解决问题，因此得以激发出员工的创新行为。

第一，工作的复杂性。工作设计长久以来就被视为影响员工创新的一个重要因素，目前的研究结果同上述结论基本一致。泰尼等（2003）研究发现，蓝领工人的工作年限越长，创新行为越少，可能是年复一年地重复简单的工作任务消磨了他们的创造性。Tierney 和 Farmer（2002）的研究表明，创新（由上级评定的）同员工工作复杂性维度之间有着明显的正向关系。

第二，目标设置。在一系列的研究当中，Shalley（1991）发现已设定的创新目标能有效地增加创造性表现。同样，Carson（2000）发现，那些被分配了创新目标的人与那些没有被分配创新目标的人相比较而言，更具有创造性。在设置目标时，管理者实际上为他们的员工提供了线索，让他们明白工作所需的是什么，以及组织所重视的是什么。反之，当员工不知道上级期望的是什么时，他们没有得到明确的目标，其创新的水平也较低。在对 400 个项目团队的研究过程中，Pinto 和 Prescott（1993）发现清晰陈述的使命使得团队能够关注创造性的想法，从而能产生较成功的革新。

（二）领导风格

领导者作为组织的"标杆"，无时无刻不在影响员工的行为。领导风格、群体情境直接影响了创新氛围，从而对个人创新行为产生影响。从相关的研究可以看出，不同的领导风格会对员工产生不同的影响。所以我们把领导因素在组织环境因素中的影响进行重点阐述。

Frese、Teng 和 Wijnen（1999）的研究表明，上级越鼓励下属，那么下属所提交的创造性想法也就越多。Shin 和 Zhou（2003）发现变革型领导风格同员工创新水平之间存在正向关系；而上级的控制行为（例如严密监视）同员工的创新之间存在负相关关系（Zhou & George，2001）。

从群体情境看，有一系列的研究专门调查了他人对个体创新的影响。研究表明，员工在他们的工作环境中需要依靠从其他人那里获得的暗示来形成对自身创造力的认知。例如，Farmer 和 Tierney 等（2003）发现，当上级帮助员工建立自信并使得员工行为以创造性绩效为中心时，员工就会相信他们有创新能力，而且创新的自我效能会影响实际的创新绩效。同事的模范作用同样能影响员工的创新。研究者发现，具有高创造力的个体通常是跟随创新能力高的人学习，或者受到创造性模范的影响。

调查显示，商业领袖的创新行为能够通过垂范作用充分激发员工的创新热情，进而提升企业的创新绩效。Facebook 的创始人兼 CEO 扎克伯格十分具有冒险精神，Facebook 的员工在工作中也会主动承担风险并大胆开拓新理念和新产品（Memon，2014）；星巴克 CEO 的创新精神也影响着其员工，使他们在工作中总是在寻求最优方案（WEBB，2011）。

此外，领导主要是通过影响员工的心理因素，进一步影响员工的创新行为。正面的领导，如授权型领导、仁慈型领导等，通常会通过鼓励、包容、授权等方式，提高员工的自我效能、"内部人"身份感知等，从而促进员工创新行为的产生（朱瑜等，2018；沈伊默等，2017）。辱虐管理则会增加员工对压力的感知，降低员工的创造力（孙健敏等，2018）。另外，在组织中，领导与不同成员间的距离是不同的，员工会衡量自己与领导的交换关系。领导—成员交换关系的圈内成员，领导对其的正面影响会得到加强，负面影响会减少。

（三）组织文化

组织文化犹如一只无形的手，通过对全体员工思想意识的影响和引导，发挥着对企业管理系统的调节、管理要素的协调、工作效率和经济效益的增效作用，激发创新的产生。

如果领导重视并要求员工具有创造性，那么领导就要创造这样一种环境，即鼓励承担风险，不回避不确定性。也就是说要提供这样一种文化，即员工在心理上感到安全，不会因为新的想法或者打破等级结构而受到指责或惩罚（McCrae，1987）。Nonaka（1991）的研究发现，当组织文化显示出愿意承担风险和挑战特征的时候，组织就更有创新性。Abbey 和 Dickson（1983）的研究发现气氛是研发革新最重要的因素。

从本质上来说，如果创新是一个被重视的结果，而且员工也相信如此，那么员工更易于接受新的想法，更易于交流，更易于从他人处寻找新的想法，而这些行为都会促成创造性的结果。

（四）激励因素

作为外部因素，组织环境不可能直接起作用，而一定是通过影响员工的个人变量来起作用。从心理动力学角度分析，个体的有意识行为都是动机激发和驱动的，创新作为一种个体行为，也必然受到相关的动机驱动。从动机的来源来讲，动机一般分为内部动机与外部动机。内部动机的主要特征是对活动本身的注意和兴趣，而外部动机的主要特征是关注外在奖励和外在评价（Collins & Amabile, 1999）。

吴志国（2007）认为，薪酬、支持性福利和激励性承诺能激发、强化员工的创新外部动机，实现持续创新。组织薪酬系统对员工行为及动机施加直接影响，是一种能够在很大程度上调动员工积极性的激励手段。根据组织绩效确定员工薪酬可以鼓励员工更积极的行为。根据工作群体目标和绩效确定薪酬能够鼓励员工团结协作，增加思想交流的可能性以及创新的意愿。同时，因创新成果而获得的优厚绩效薪酬和特别奖励，能提升员工的工作成就感和自我实现感，强化持续创新动机。支持性福利和优先内部员工的晋升机制、工作轮换、明晰的职业发展通道等激励性承诺，则能提高员工的满意度，改进员工个人层次的学习，鼓励和保护员工为赢取组织竞争优势所出现的创新绩效。对于创造性问题相关培训的研究表明，培训可以提高员工的创新水平。适当的培训能够增加创造性思维的发生率，因为通过提供培训机会能够增加个体的知识或者与创新相关的技能，而这可以使得员工在他们工作的时候更具有创造性。恰当地评估和奖励可以促进创新的产生，甄选、培训、评估和奖励员工的人力资源模块系统地联系在一起，员工通过一系列人力资源管理实践，可以了解上级对他们的期望是什么，以及什么时候去做，如何去做。

从理论探讨的结果来看，研究者一致认为内部动机有益于创新绩效的提高。但是，外部动机对创新绩效的影响效果取决于一定的外部动机对内部动机的影响。当外部动机与内部动机协同作用时，外部动机起到增强内部动机的作用，这时，外部动机与创新绩效的关系是正向的；反之，当外部动机与内部动机相互竞争时，外部动机的增强会在一定程度上抑制内部动机，也就是出现了内部动机被侵蚀的现象，这时外部动机与创新绩效的关系是负向的或不相关的。

（五）制度政策因素

（1）组织结构。研究表明，促进开放地、不断地同外部成员相接触的组织结构与创新是相关的。组织结构的另一个重要因素是责任水平和正式汇报关系的构架方式。例如，高官僚性的组织可能不会鼓励员工去寻找新的方法来完成他们的工作，有着较宽管理幅度的扁平化组织结构则有利于员工创新的发挥。例如，Hage 和 Aiken（1969）的研究发现，越是官僚化的组织，越不具有创造性。

（2）预期评价方式。先前的研究大体上都支持这个结论：当个体知道他们的工作将得到严格的评判时，创新水平将会降低（Shalley, Zhou & Oldham, 2004）。例如，Amabile、Goldfarb 和 Brackfield（1990）的研究表明，那些知道自己的作品将会得到判断式评价的个体同那些知道不会得到评价的个体相比较，其作品的创造性明显下降。而那些发展式评价通常表明它对创新有着积极的作用。周道生的研究（2002）表明，对员工的发展式评价而非批评式的评价，更有利于员工创造力的发挥。

（3）相关的人力资源政策。组织可以采用一定的甄选技术来选择那些更具有创造性的员工，并将具有创造性的人安排到对创新能力要求高的岗位上。适当的培训也能够提高创造性思维的发生率。例如，Basudur、Graen 和 Green（1986）通过实证研究表明，创造性思维培训可以改变与多元化想法相关的态度。此外，对于创造性问题解决培训的研究表明，培训可以提高员工的创新水平。通过提供培训机会能够增加个体的知识和他们与创新相关的技能，而这可以使得员工在他们工作的时候更具有创造性。此外，一些奖励计划可以促进创新的产生。如果组织重视和奖励创造性想法，那么就会产生更多的创造性想法。值得注意的是，用来甄选、培训、评估和奖励员工的人力资源实践的各部分应当系统地联系在一起，这样员工才会知道上级对他们的期望是什么，以及什么时候去做、如何去做。

近年来，关于公司人力资源系统和组织绩效之间关系的研究趋向于高承诺型工作系统的概念——HCWS（Arthur，1994；Baron & Kreps，1999）。肖知兴等（2006）将高承诺型人力资源管理系统定义为一种整体的人力资源管理实践，旨在通过给予员工更多从而得到更多。沃尔顿（1985）认为高承诺人力资源管理系统指的是一个人力资源管理实践的系统，此系统旨在引导员工对组织的承诺。在沃尔顿（1985）开创性的文章中，他区分了管理劳动力的"控制性"战略和"承诺性"战略。最重要的论点是工作实践，诸如利润分享、雇佣保证和员工的参与度，都会提高员工的承诺水平，从而提高组织绩效。这种通常被称为 HCWS

的工作系统与公司绩效之间的正向关系已被大量的实证研究所证实。大多数实证研究都表明 HCWS 与组织绩效之间的关系是正相关的（Appelbaum & Bailey，2000；Delery & Doty，1996；Huselid，1995）。

（六）人际与群体因素

有一系列的研究专门调查了他人对个体创新的影响。徐淑英（2006）等认为，社会交往是信息和资源流动的一个渠道，通过社交互动（Social Interaction），行为者可能接近其他行为者的资源，这种接近，能够允许创新者在组织内部跨越正式的途径和层级去寻求他们所需要的资源。

（1）上司的领导行为。有大量的研究关注上级的领导风格和员工创新之间的关系。Frese、Teng 和 Wijnen（1999）的研究表明，上级对下属的鼓励程度越高，那么下属所提出的创造性想法也就越多。Shin 和 Zhou（2003）发现变革型领导风格同员工创新水平之间存在正向关系；而上级的控制行为（如严密监视）同员工的创新之间存在负向关系（Zhou & George，2001）。

（2）群体情境。研究表明，员工在他们的工作环境中需要依靠从其他人处获得的暗示来形成对自身创造力的认知。多尔娣（1992）认为，企业内部每个部门都有一个关于顾客需求和产品怎样才能设计成符合需要的"思想库"，每一个"思想库"都具有一些有关市场和技术之间至关重要的、解决难题必不可少的知识片段，而创新常常就是那些看似不相干的信息综合后的结果。

（七）资源丰富性因素

（1）充足的时间。Amabile 和 Gryskiewicz（1989）发现，一个经常

被提及的、促进创新所必需的因素就是有充足的时间进行创造性的思考。同样，Katz 和 Allen（1996）发现，对于那些研究新技术的工程师而言，不被打扰的工作时间显得尤为重要。

（2）必要的物质资源。除了时间以外，员工创新的发挥还需要获得相应的物质资源。

（3）差异化的人力与信息资源。人本身也是一个重要的资源。也就是说人们应当同有着不同专长的人相接触，从而获得进行创造性活动所需的信息。创造性想法的产生和执行往往需要不同的个体或团队的投入和支持。Woodman、Sawyer 和 Griffin（1993）认为，如果要具有创造性，个体应当能够自由地同他人分享信息，并最终决定贡献力量。研究发现，当外部的观点被引入团队讨论时，可以增加创造性的绩效。例如，Kasperson（2000）的研究发现，那些接触不同科学领域的科学家在他们自身的领域更易做出创造性的贡献。同样，Andrews 和 Smith（1996）的研究发现，同其他不同职能部门的人接触能增强市场营销活动的创造性。

三、社会层面

有学者认为，创新需要冲破前人思想的束缚，让人们有充分的思想自由能够为创新提供有利条件。此外，体面劳动是员工基于自身需求对自身工作的一种感知，重视劳动者在工作中的基本权益、人格尊严等，并在工作过程中能够体会到快乐与幸福。体面劳动产生个体对外部激励的感知，而个体对外部环境的知觉对其创新行为具有重要作用。中国员工中"家人/朋友支持"对"创新绩效"有显著的正向影响。

颜爱民、龚紫和谢菊兰（2020）的研究结果表明：外部企业社会责任感能激发员工创新行为；工作使命感是外部企业社会责任影响员工创新行为的重要中介机制；道德认同不仅可以增强外部企业社会责任和工作使命感之间的正向关系，而且还可以加强工作使命感在外部企业社会责任与员工创新行为间的中介作用。

可见在社会层次中，企业在承担外部社会责任时，可以通过向员工积极宣传其在社会责任活动中所做出的贡献，使员工更清晰地感知到自身对他人和社会的积极影响，增强其自身工作使命感，让员工的创新能力发挥出极大的效用。企业应多关心员工的生活，适时了解员工的心理状态，同时做好员工情绪管理，以促进员工创新行为的实施。

第三节　员工创新行为的测量

目前，国内外在员工或个体创新行为研究领域，广泛采用的量表主要有四类：Scott 和 Bruce 的六题量表（1994）、Janssen 的九题量表（2000）、Kleysen 和 Street 的十四题量表（2001）和 Zhou 和 George 的十三题量表（2001）、Kirton 的三十二题量表（1976）。

一、六题量表及其应用

六题量表是研究者依据创新阶段理论（Kanter，1988）基于对企业CEO 和副总裁的访谈调查资料，编制了由六个问题组成的创新行为量表。六个题项主要内容是：寻求技术创新、工作流程创新、技巧或产品创新；自我创意构想的创新；争取说服他人将创新付诸实践；争取创新实践的资金来源；设计实施创新的计划与过程；热衷于创新的程度。

研究者通过问卷调查，将 172 位研究对象的有效数据输入 SPSS 软件做了探索性因子分析，提取出了公共因子：创新行为（Cronbach's α 为 0.89）（Scott & Bruce，1994）。

在后续其他学者的相关研究中，该量表仍然保持了较高的信度，Cronbach's α 普遍达到 0.8 以上（黄荷婷，2003）。

二、九题量表及其应用

九题量表是在六题量表基础上依据创新三阶段理论发展而来，其主要结构是新构想产生 3 题、新构想支持 3 题、新构想实施 3 题。该量表采用 Likert 五点计分法测量员工的工作创新行为，经过统计验证为单一维度，Cronbach's α 可以达到 0.95。

我国学者在该量表的应用与评价方面有一定的分歧，有的学者认为该量表为单因子模型（朱苏丽，2009）；有的学者认为该量表的两因子模型要优于单因子模型（邢春晖，2009）；有的学者认为该量表只适合以研发人员作为研究对象（齐义山，2000）。

三、十四题量表和十三题量表及其应用

十四题量表的设计基础是创新五阶段模型：机会寻找、构想产生、构想评估、构想支持、构想应用。十三题量表的设计基础是创新两阶段模型中的六个子阶段：识别创新机会、产生创新构想、评估创新构想、支持创新构想、应用创新构想、创新成果推广。由于这两个模型高度相似，因此所设计的量表题项的相似度也很高，所以归为一类。

相对而言，由于十四题量表中的题项表述方式比十三题量表更加具体、清晰、简练，所以国内学者大多采用十四题量表的题项（卢小君、

张国梁，2007；顾远东、彭纪生，2010）。在国内研究的统计分析中显示拟合效果好、信度高、结构效度良好。

四、三十二题量表及其应用

三十二题量表是 Kirton（1976）开发的适应—创新量表。开发该量表的起因是，现实当中经常出现不同的人面对相似的问题会产生差异很大的解决方案。换句话说，有些人是适应者，而有些人是创新者。问卷题项来自实地观察、深度访谈和相关文献，问卷的信度和效度来自 532 份差异化很大的研究对象数据以及 276 个复制样本的数据。统计分析表明该问卷的信度与效度均达到有效指标。

该量表在国内应用较少，但是近两年已经有学者在知识共享领域研究激励方式时，对知识共享的影响研究中使用该量表研究认知风格的调节作用（刘灿辉、安立仁，2014），也有学者在研究创造性认知风格、创造性人格与创造性思维的关系中使用该量表（张洪家等，2018）。在这些研究中，该量表都得到了比较高的信度与效度。

第四节　员工创新行为的价值

知识经济迅速发展，技术趋于平台化、模块化，技术难度降低，随之而来的创新焦点分散在组织中的各个部门和流程。通过发挥员工的创造性才能产生新产品、新服务或新流程，保持竞争优势已经成为共识。德鲁克在研究了多家创新型企业后认为，变革代理人并不一定是创新的发起者，组织里的任何层面的人都有可能在组织中掀起创新运动。因此，创新不再只是研发部门的专职活动和研发人员的专利，而是扩散到各个部门和各个员工。组织的基层员工有着丰富的实践经验，与客户广泛接触，能及时发现客户的需求及变化，能发现组织各个环节的弊端，这些信息无疑将有效地促进企业的创新活动从而增强企业的竞争能力。

一、员工创新行为选择的主体性价值

创新是不同本质、不同类型创新资源通过客观规律对其"重新组合"而产生的价值重组和升值。这些创新资源分布在经济社会的各个角落，通过创新主体的创新活动使其在经济社会中得以流通并创造价值。企业需要进行理念创新、战略创新、管理创新、产品创新、技术创新等，归根到底是要求企业员工具备旺盛的自主创新力。员工的自主创新力体现在员工热爱工作，具有创新意识，拥有活跃的思维和充足的活力，善于学习和探究，积极主动地进行创新活动，并有能力形成创新成果。员工的自主创新活力是企业创新经营的保障。

人是生产力的首要因素，企业依靠人管理，装备依赖人掌控，生产依仗人操作，企业生产、建设离不开员工队伍的整体素质，企业发展壮大更需要员工队伍的创新能力和智慧才干。因此，构建一个能够满足员工自主创新、自发研究、自动关注的激励机制，是调动和凝聚员工积极性、主动性和创造性的有效方式，更是企业困难时期战胜挑战的必经之路。

然而，创新资源分布在经济社会的各个角落，通过创新主体的创新活动使其在经济社会中得以流通并创造价值。通过文献梳理发现，企业家、技术创新过程涉及的人员、企业，是关于创新主体研究中的三大主体类型；创新主体并非一家独大，现实的经济运行也表明，在企业范围

内，创新是企业家、创新者、组织团队等多类型创新主体互动的结果。在企业创新体系的实际运行中，不同的创新主体拥有不同类型的创新资源，比如，企业家在创新管理方面的绝对话语权、技术人员和员工对于know-how 的掌握、组织对于创新资源的大量占有等。对于创新主体分类的假设，在给予相关主体以创新动力的同时，也会使得某些创新主体产生一家独大的意识，将自己的意志和对创新的理解强加于其他创新主体，忽略其他创新主体的价值。创新结果的前端是创新行为，创新行为的前端是创新动机。创新动机决定了创新主体是否会做出创新行为，选择何种创新过程，进而决定了产生何种创新效果。导致上述创新管理困惑的原因大致可归纳如下：

（1）创新成果需要企业的物质性创新投入作为基础，但创新行为的动力归根结底来自人的内心创新动力及其由精神—物质收益而牵引出的创新动力循环，即创新主体性的激发。

（2）组织和管理者由于掌握大量的创新资源而在相应范围内具有创新话语权，并且将自己对于创新的理解和意志强加于员工等其他创新主体，进而阻碍了其他创新主体内在创新动力的激发。

（3）大多数时候，对于创新行为的管理只考虑了消费者、产品技术研发的需求，却忽略了对创新者心理动机的关注，或者将创新活动的心理动机等同于一般行为或者经济行为的心理动机。

事实上，理论界、实业界已经意识到人的创新能动性对于企业创新能力提升的重要性，但由于组织和管理者拥有着企业绝大部分物质性创新资源的所有权和管理权，员工创新行为的动力和热情依然处于外在的管理和控制之下。因此，如何认识人的创新能动性和自主性，即从人的主体性视角调整企业、管理者、员工在创新过程中的角色和作用，是破解上述创新管理困境的理论基础；如何找出该理论在创新行为激励与管理中的具体作用机制，是破解上述创新管理困境的实践化追求。

员工自主创新行为及其激励的宗旨在于，充分利用企业内外的创新资源，以组织的形式帮助人们在创新中获得属于他们自己的追求，满足员工的创新动机，关注创新主体的自我管理和内在激励，而这一宗旨的保障了企业应对外部技术环境变化的动态能力的提升。员工创新行为的选择，即人的主体性对于技术创新本质的价值追求。体现了创新行为的价值性和有效性。芬伯格（Feenberg，1999）、海德格尔（Heidegger，1996）、马克思（Max，1844）指出：技术创新是一个社会化的过程，新技术的形成与创造来源于社会构建；技术创新的目的和追求是推动社会的发展，并促进人的发展；技术创新的本质在于重构社会的关系。员工创新行为不是员工个体独立的行为，而是牵涉企业内部管理者以及组织的各种目标和利益格局。员工个体的成长，在于能否满足他人以及组织的成长性需求。因此，员工创新行为的价值选择在于给其他利益群体带来价值。员工内在创新行为的自我激励与管理是创新行为的基础，而员工创新行为的选择则对自身、管理者、企业、社会产生有益的影响，而这种对他人和自己有益的影响将进一步提升其内在的创新动力，促使新一轮创新行为的产生。

二、员工—顾客共创中的"价值"

朱青松等（2013）强调以核心管理者价值观和员工价值观为取向的重要性，提出员工与组织匹配视角的企业价值观塑造模式，以核心管理者价值观为主导构建企业价值观，例如，2019 年 5 月华为任正非在与新闻媒体见面会上说道："如果说华为公司有哲学，就一点'以客户为中心，为客户创造价值'。"Cova 和 Salle（2008）认为价值共创过程涉及的参与者，来自供应商网络和顾客（业务）网络。员工在该知识网络中具有重要的位置，最终以员工为网络节点构建知识网络。

员工—顾客的价值共创行为能够正向影响员工的服务创新能力，当员工具备与顾客高质量互动的技能时，服务创新能力会随之增强，具体可以体现在其子维度共同生产和使用价值两个方面。首先，共同生产方面可以划分为交互、知识（分享）、公平三个维度，为实施员工—顾客价值共创提供了可操作的具体路径，可以得出员工与顾客间的互动决定彼此交换资源的方式和结果，而资源的价值最终体现在员工与顾客从交换资源中获取的是什么，这些资源是否具有影响员工与顾客满意度的潜力；其次，使用价值方面可以划分为经验、个性化和关系三个维度，价值同样由资源交换场景决定，即引出企业应该如何将服务嵌入员工—顾客交互中，强调个体特征嵌入资源交换过程的重要性，提示企业可以将系统活动与利益相关的参与者（员工、顾客等）期望价值相协调。

三、创新行为对企业未来动态创新能力的重构

欧洲未来创新战略的官方文件——《创造一个创新型欧洲》指出，未来欧洲的创新是"市场友好型的创新"，这种创新价值生成模式不仅重视来自市场、政府、消费者对于新技术、新产品、新服务强烈的需求，而且重视如何将创新的专利、产品、服务以更高的效率传播给市场和消费者，以提高市场的经济效益和消费者的福祉。可以看出，未来创新行为的价值生成模式是为了满足社会公众创新需求所做出的努力，其过程在于将创新成果通过市场机制以及其他多种途径高效率地传递给社会公众，其目标在于通过创新行为的不断涌现和积累增进人类福祉。

从历史进程来看，技术创新社会属性的出现先于经济属性。波兰尼（1944）指出，技术创新在人类发展进程中的出现，并不是因为商业以及经济的需求而产生，而是因为人类自身和社会发展的需求而产生。从技术发展的历程来看，技术创新并不是源于创新者的经济追求，更多情况是源于创新者的个人信仰、对身边问题的关注以及社会各种因素的综合作用。

因此，从动态能力角度来说，创新行为激励与管理的任务在于激活员工的创新资源，并借此提升企业内部资源的运营能力；同时，通过员工对企业外部创新资源的积极使用与创新价值挖掘，激活企业外部的创新资源，从而加快企业内外创新资源的交流、互动、相互促进，并将创新精神传播给社会。

第三章　全面薪酬与员工创新行为的相关研究

第一节　员工创新行为的激励机制

Amabile 等（1994）研究表明，激励偏好类似于人格特质，具有相对的稳定性。激励偏好分为内激励偏好和外激励偏好。刘云、石金涛（2009）也指出：内激励偏好是指个体对内在激励因素比较偏爱，工作行为容易受到内在动机的驱使；外激励偏好是指个体对外在激励因素比较偏爱，工作行为容易受到外在动机的驱使。内激励偏好者是指在从事某项任务时为了任务本身所带来的乐趣、满足以及对工作的自我挑战，而较少依赖自身对外在刺激因素的满意与否的人；外激励偏好者是指为了与任务本身不相关的外在奖励而参与到任务中的人。

员工创新激励方式可划分为以下几种：利益激励、能力激励、权力激励和责任激励。激励机制涉及企业诸多方面、多种因素，单靠使用某个单一激励方式是远不能实现的。所以，要想建立高效的技术创新激励机制，就必须充分考虑企业各部门多种因素及其相互之间的关系。各种因素之间相互联系、相互作用，形成网状立体结构，并通过一定的结构发挥其作用。

利益主体受到了经济手段这一利益激励的刺激才产生了动力，每种激励方式都是在这个基础上产生的。它主要通过对个人物质欲望的满足促使其行为动机产生。因而，利益激励在某种程度上来看是最有效的激励措施。其方法主要是将个人利益与创新能力、个人对创新的贡献、个人的创新收益相联系，具体表现为建立与创新活动相关的工资、专利、奖金和福利等制度。

能力激励是一种不仅能促使能力提高还能促使能力发挥的激励手段。能力可以说是人们在现代生活中谋生的资本，能力提高了就相当于生存的本领提高了，能力者发挥得恰当，在给人们带来物质利益的同时，还可以让人们在竞争中树立信心和获得尊重。能力激励的手段主要是给予人们提升个人能力的机遇，例如培训、工作轮换和竞聘上岗等。

权力激励是给予主体在他的能力管辖范围之内能够发挥号召及命令的力量。一般情况下，权力能让人获得一定的地位与尊重，从而满足人们对精神的需要，权力和能力往往被人们联系在一起，权力和能力往往被人们联系在一起，它不仅能有效保障工作任务的顺利完成，还可以引导人们充分调动其主观能动性。权力与物质利益密不可分，在权力管理范围之内，在物质支配问题上，掌权的主体就比其他主体具有绝对优势。由此看来，人们对权力趋之若鹜也是很正常的。颁布的各类与权力紧密相关的制度，如保障企业自由投资制度、自主经营制度和专利权制度等，是当前权力激励的主要方式。

责任激励是将责任分担作为激励的一种方式。责任即人们必须承担的、应该做的事情，这里特指个人对他人、企业整体以及社会应该做的事情和对工作的承担以及对挫折之后损失的承担，这些都是责任的表现方式。企业技术创新是一项艰难的系统任务，它需要所有人共同承担，公平恰当地分担责任，不仅能让人们产生公平感，而且能够促使员工更好地履行职责，这样就可以最大限度地降低创新失败的风险。因此，责任激励在技术创新中尤为重要。

国外对知识型员工激励研究的典型代表是管理学家玛汉·坦姆仆以及安盛咨询公司构建的"知识型员工激励因素"模型。基于玛汉·坦姆仆的深入分析，他总结出对知识型员工激励影响较大的四个因素，即个体成长、自主性、业务成就和物质财富。他指出工作本身的报酬是激发知识型员工积极性的主要动力，所以不应一味地被金钱诱惑，应考虑到他们的持续性发展。我国学者张望军、彭剑锋也持有相同学术观点，并结合我国企业特点提出知识型员工的需求特点，有以下五点：

（1）有挑战性的工作。知识型员工为考验自己的能力，证明自己比他人优秀，总想做一些具有挑战性的工作。

（2）企业的前景。知识型员工不光注重薪酬和自身能力的施展等要素，还看重企业的发展前景。

（3）个人的成长与发展。由于知识型员工一直不断追求知识的增长，以及个体和事业的成长，因此他们渴望自己的才能得到认可。

（4）工资报酬与奖励。希望有一个合理的薪酬机制，确保自己的贡献与应得的薪酬相对等。这种奖励制度不但对企业发展有利，而且还能体现个体的业绩贡献。

（5）除此之外，还有诸如晋升机会、开明的上司、工作是否具有保障性与稳定性等其他激励因素。

综上，员工创新行为激励方式众多，但其核心内容基本与全面薪酬的内涵相吻合，为此本研究重点探讨全面薪酬与员工创新行为之间的关系。

第二节　全面薪酬与创新行为的关系

尽管许多研究已经证明报酬中具有激励作用的奖励性报酬对某些组织的结果变量，如工作绩效、工作满意度、组织承诺等有显著影响，但是奖励性报酬对员工在工作中的创新行为是否具有促进作用，这一问题仍是创新界的争论热点。以 Amabile 为代表的一批认知心理学家与以 Eisenberger 为首的行为心理学家一直致力于报酬激励与个体创新关系的研究，但是研究结论有明显分歧。

以 Eisenberger（1992）为首的研究学者基于习得性勤奋理论，认为报酬奖励对内在动机和创造力具有促进作用（Eisenberger & Rhoades，2001；Eisenberger & Aselage，2009）。习得性勤奋理论认为付出努力会使人产生厌恶感，而报酬奖励手段则会减少这种厌恶感并促进目标导向行为的出现。因而，这些学者认为针对创新的报酬奖励对于员工创新行为具有积极作用，由于激励方式的改变，员工的工作行为也会随之发生变化，在调动其积极性的同时，还可以提高员工创新水平。因此，可以通过有针对性地、系统地提高针对员工创新的经济性薪酬从而带来期望的创新行为。Eisenberger 等人的一系列研究中指出，与绩效挂钩的、可预期的工资增长等，对员工的创新行为和创新绩效都有促进作用，尤其是针对创新行为支付的报酬起着重要的积极作用，支付的报酬越多，员工的创新行为就表现得越明显。此外，团队创新相对于个人创新而言，其创造的附加值更大，由团队合作而产生的激励作用也就更大，每个成员获得更多的经验与收获，其意义自然更加深远，带来更积极的影响。

与之相反，以 Amabile 为代表的研究学者以认知评价理论（Cognitive Evaluation Theory，Deci & Ryan，1985）为工具（认知评价理论由 Deci 的自我决定理论"Self-Determination Theory，SDT"衍生而来），认为报酬奖励手段并非一直能够促进创新，有时候还会抑制内在动机和创造力（Amabile，Hennessey & Grossman，1986；Amabile，1996；Putwain，Kearsley & Symes，2012）。因为报酬奖励同时具备控制性（个体会将自己的行为归为外在原因，降低内在动机）和信息性（满足了个体的胜任感，增强内在动机）两大属性（见图 3-1），当针对创新的报酬奖励被员工感知为控制性的暗示时，员工将过分关注于外在激励而不是工作本身，在获得奖励时会做出外在归因，导致内在动机降低，不利于个体创新；反之，当针对创新的奖励被员工感知为信息性的暗示时，获得奖励则有利于员工个体胜任感的满足，内在动机增强，会有助于鼓励员工创新。例如，当报酬的奖励并未事先言明时，由于个体在行为时无奖励预期，不会有被控制感，因此意外报酬给付不会损害个体内在动机，反而会促进员工创新。

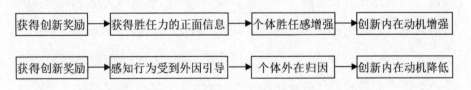

图 3-1　报酬奖励的控制性和信息性作用机理

以往研究结论不一致的原因，除了理论基础不同以外，还有学者认为是针对创新的报酬奖励在总体报酬中所占的比例不同。针对创新的报酬占比不同，员工收入风险和不确定程度亦不相同，因而，会出现对员工创造力产生正反两方面结果的现象。Byron 和 Khazanchi（2012）对此进行了研究并发现，员工工作的内容及其难易程度影响着外部奖励对员工创造力产生作用的程度（Baer，Oldham & Cummings，2003）。

有些研究还挖掘出其他影响因素，如提供选择自主权（Vansteenkiste，Zhou，Lens & Soenens，2005；Patall，Cooper & Robinson，2008）、提供合作机会（Hom，Berger，Duncan，Miller & Blevin，1994），均对内在动机的维持与增强有促进作用，有利于员工创新。这些因素随着报酬内涵的扩展，已经被纳入全面薪酬的内涵之中。由此，报酬与创新之间关系的研究也更为深入和细化，本研究从有形薪酬和无形薪酬两个方面对这些研究内容进行了梳理。

一、有形薪酬与员工创新

强化理论和期望理论都阐述了激励与绩效的正相关关系，尤其是当绩效可以获得相应的奖励性有形薪酬时，被激励的个体会产生组织期望的行为（Baer，Oldham & Cummings，2003；Jeffrey & Adomza，2011；Malik et al.，2015）。实践中，为了激发员工的创新力，组织通常的做法就是依靠各种人力资源管理职能，针对员工的创新行为给予奖励性的有形薪酬（Fahey，Vasconselos & Ellis，2007；Lopez-Cabrales，Perez-Luno & Cabrera，2009）。尤其是在那些把工作流程相关的新建议和新想法作为重要创新的当代商业组织中，针对创新的有形薪酬奖励手段能激发员工创新方面出色的表现（Lopez-Cabrales，Perez-Luno & Cabrera，2009）。以 Eisenberger 为首的研究学者通过各种研究支持这一结论，认为有形薪酬奖励会促进内部动机和创造力（Eisenberger & Rhoades，

2001；Eisenberger & Aselage，2009）。

然而，以 Amabile 为代表的学者指出了有形薪酬奖励的控制性特征（Latham，2012；Putwain et al.，2011），认为有形薪酬奖励是外部强加的，是约束员工行为的因素（Amabile，1996），破坏了员工的内在激励和创造力（Hennessey & Amabile，2010），因此，有形薪酬奖励对创新有潜在的负面影响。

此外，还有些学者质疑了有形薪酬对内部动机的侵害，他们认为约定好的、过度的有形薪酬很可能会抵消或转移人们的内部动机。对于创新这一典型的需要内部动机来驱动的行为而言，自我内在激励是更为有效的方式，而从外部给予的有形薪酬奖励会降低个体的自主性和内部动机，将人员的注意力转移到如何获得报酬上，从而削弱了其主动的创新行为能力。这些学者更倾向于有形薪酬对人员创新行为的影响会呈现出先扬后抑的"倒 U"形关系。

二、无形薪酬与员工创新

针对创新的无形薪酬更加关注为员工提供社会认同，主要表现为使用某些非货币化的、强化内部动机的激励方式，例如，给予员工或者团队的非正式的致谢、关注、表扬或者认可等（Peterson & Luthans，2006）。与有形薪酬相比较，无形薪酬可以传递与员工工作相关的评价，例如，员工个人的能力、工作的努力程度等，更多表现出信息性属性。因此，员工较少感觉到被控制，尤其是这些无形薪酬取决于创新绩效时，员工更倾向于将无形薪酬识别为一种任务相关的信息，即个人的能力和努力等（Stajkovic & Luthans，2001）。

针对创新的无形薪酬可以向员工表明组织对他们创新性工作的认可

和赞赏，这会促使员工意识到自己在创新过程中应该如何表现，获得关于自己工作表现的明确反馈。无形薪酬关注员工个体深层的成就需要，通过激发自我的兴趣、成就动机和内部精神动力来表现出积极的创新心理和创新行为。因此，在特定的社会环境下，当员工认定无形薪酬是支持性和信息性的工作行为时，那么员工就会更倾向于将无形薪酬归结为个人努力和个人的胜任能力，有利于增强内在创新动机和创新行为（Shalley，Zhou & Oldham，2004）。

第三节　动机作为薪酬与员工创新关联的中介变量

早期在实验室里进行的研究都集中在薪酬对员工创新的直接影响上。然而，在组织中由于员工对薪酬的感知内容和感知强度不同，薪酬给付的方式方法不同，会导致不同的创新行为。不论是以 Amabile 等为代表的一批认知心理学家，还是以 Eisenberger 为首的行为心理学家，他们的研究都关注了薪酬对内在动机和外在动机方面的作用，以及内在动机和外在动机对创新的影响。但无论是实践活动中还是学术研究中，无论是持何种观点的学者，他们可以达成共识的是，动机是薪酬影响创造力的中介变量，可以通过动机来解释薪酬与创新的关系。

具体而言，针对创新的有形和无形薪酬，可以通过塑造他们的任务动机来影响员工的创新，这表明了薪酬对创新激励的中介作用（Deci et al.，2001；Ryan & Deci，2000）。Hennessey 和 Amabile（2010）的研究指出，有别于个性倾向性动机，任务动机的作用短暂，也容易受到环境因素的干扰。这个研究将任务动机归为情境动机，它主要受到员工目前从事工作的影响。因此，特定工作环境中的情境动机代表了这种特定情境下员工的心理状态，可以通过设置多种多样的薪酬以引导任务动机。在区分内在和外在动机之间差别的基础上，许多学者都认为特定情境下的内在和外在动机可以调节有形和无形薪酬对创新的影响（Aletraris，2010；Deci et al.，1999）。

员工的外部动机是建立在工作工具性价值取向基础上的，也就是将工作视为实现既定目标的手段。因此，外部动机可以通过取得经济收益、社会认同和肯定性评价获得满足（Stajkovic & Luthans，2001）。Doyle（2011）的研究也证实，有形和无形薪酬可以激发员工完成工作时的情境外在动机，而这种外在动机可以提高员工在工作场所的创新能力。

员工的内在动机主要是通过工作感受到乐趣或挑战，从而获得内在满足感（Aletraris，2010；Ryan & Deci，2000）。Decietal（1999）的研究表明，有形薪酬和无形薪酬会分别对内在动机产生负面影响和正面影响。有形薪酬主要是用来告诉员工应该做什么，即控制员工行为。无形薪酬更倾向于提高自我感知能力，从而增强员工内在动机。同样，Hennessey 和 Amabile（2010）也认为，在一定情况下，薪酬可以增强内在动机和创造力，例如，当员工能够确认自我能力时，当员工能够提供对组织有帮助的信息时，或让员工做某些他们已经有动机想去做的事情时。Andersonetal（2014）、Baer（2012）、Grant 和 Berry（2011）等人的研究表明，针对创新的无形薪酬，可以提升完成特定任务员工的内在动机。

此外，针对过往认知心理学派和行为心理学派不一致的研究结论，Amabile（1996）强调创造力可以产生在任何人或任何岗位，而不仅仅是那些具有特殊能力的人和对创造力有特殊要求的岗位（如研发岗位）。由此，有些学者开始讨论人—工作匹配对绩效薪酬—创造力关系的调节效应及其具体的作用机制（Woodmanetal，1993；Ford，1996；Amabile，1997）；还有学者从创造力自我效能，而不是内在动机视角考察了绩效薪酬影响雇员创造力的中介机制（Gongetal，2009；Tierney & Farmer，2002，2004，2011）。

第四节　心理授权作为薪酬与员工
创新关联的中介变量

心理授权是个体与环境相联系的纽带，受很多因素影响，也影响了很多因素，国内学者对此研究颇多。Spreitzer（1995）指出心理授权在自我效能感、工作意义、自我影响力和自主性四个维度对内在动机具有效用。杨英（2011，2013）从人与组织匹配的视角，验证了心理授权在员工创新关系中具有积极的中介作用。李凤莲（2016）从人力资源管理实践视角，证实了心理授权在高新技术员工创新行为关系中起部分中介作用。崔武江学者（2012）的实证研究表明，心理授权可以正向预测员工创新行为，但心理授权不同维度对员工创新行为的影响效用不一样；杨英等学者（2013）进一步证明了心理授权的四个维度对员工创新行为影响程度从大到小依次为自我效能、工作意义、自我影响力和自主性。心理授权作为员工创新行为关联的中介变量，也在实践中得到证明。林立（2011）、张银（2011）、赵明兰（2013）、石冠峰（2015）等学者通过问卷调研发现，心理授权对不同领导风格与员工创新行为关系呈现出部分中介和完全中介作用。宋典（2011）、刘云（2011）、杨英（2011）、朱颖俊（2014）、丁琳（2017）、颜爱民（2016）等学者的实证研究表明，心理授权分别在创新氛围、自我领导策略、人—组织匹配、差错管理文化、工作压力、高绩效工作系统与员工创新关系中具有积极的中介作用。可见心理授权正向影响员工的创新行为，但国内尚无研究表明心理授权在全面薪酬与员工创新行为之间具有中介作用。因此，本研究将心理授权作为中介变量，探讨全面薪酬如何通过此中介变量来促进员工的创新行为。

心理授权的研究主要沿着关系路径和动机路径进行，可分为关系路径发展结构授权模型（Kanter，1979）和动机路径发展心理授权模型（Spreitzer，1995）。本研究主要沿着动机路径展开。1988 年，Conger 和 Kanungo 从被授权者心理体验的角度研究授权问题，国内外学者们便对其展开了大量的理论与实践验证，且成果颇丰。自我效能感授权模型（Conger & Kannago，1988）、认知评价授权模型（Thomas & Velthouse，1990）、心理授权模型（Spreizer，1992），经过此三种模型的演变，心理授权概念逐步形成。心理授权的维度经历了四次演变，即单维说（Conger & Kanungo，1988）、三维说（Zimmerman，1995；Menon，1999；Thomas & Velthouse，1990）、四维说（Thomas & Velthouse，1990；Spreitzer，1995）、六维说（Short & Rinehart，1992），当前，Spreitzer（1995）总结的四维说应用最广泛，即工作意义、自我效能感、自主性和自我影响力。

Spreitzer（1995）在 Thomas 和 Velthouse（1990）的认知评价授权模型的基础上，从心理授权的四个维度开发了 12 个条目的测量量表，得到了国内外研究领域的广泛应用。李超平等（2006）学者在中国文化背景下，对 Spreitzer（1995）开发的心理授权测量量表进行了适用性检验，实证研究表明在中国文化背景下心理授权量表具有很强的适用性。

第五节　研究不足与趋势

就研究内容而言，近几年学者们就薪酬对员工创新行为的影响进行了较为深入的研究，但是以认知心理学家为代表的研究学者和以行为心理学家为代表的研究学者在研究结论上存在分歧，前者以认知评价理论为基础，认为薪酬有时会抑制内在动机和创造力；而后者以习得性勤奋理论的基础，明确肯定了薪酬对创新的促进作用。无论是认知心理学派还是行为心理学派都肯定了内在动机在薪酬与员工创造力关系之间的调节效用。随后很多研究学者都在试图查明，在何种条件下，认知心理学派或行为心理学派的结论是正确的。例如，从组织氛围、创造力自我效能、员工认知风格和工作复杂性的匹配度等角度开展研究，进一步扩展了这一领域研究的广度和深度。

实践和学术研究的脱节。现有关于创新研究结论的分歧不仅阻碍了其理论的发展，也导致管理人员在应用时瞻前顾后。虽然许多文献表明，为员工提供内在的无形薪酬有可能提高员工的创造性，而有形薪酬有时会抑制员工的创新动力和创新行为，但许多的管理实践者仍然更倾向于使用有形薪酬奖励（例如金钱激励）来激发员工的创造力（Fairbank & Williams, 2001; Van Dijk & Vanden Ende, 2002）。这一现象也表明，现有的研究成果对实践中通过薪酬设置激发创新的问题缺乏实操性指导。这源于现有研究从各自的理论或者研究视角出发，简化真实工作情境，未能全面梳理影响薪酬与员工创新的各种因素或者机制，仅仅揭示了薪酬的一面，而且管理实践不能脱离情境因素和个体差异。因此，针对不同行业、不同类型岗位、不同员工个体在设置促进员工创新的薪酬时，仍需要获得指导性、实操性的原则和方法。

就研究方法而言，目前学者们对薪酬与创新的关系主要采用了实验和实证研究。多数在实验室环境中实施的实证研究，没有反映出典型组织和人际关系等情境因素对组织行为的重大影响。也有一些研究是在真实组织环境中完成的，薪酬不但体现了员工"按劳分配"的价值理念，也体现了收入的不确定性，这也导致现有研究成果存在较大的争论。此外，现有实证研究的样本量大多在 200～300 个，分析方法多使用相关性分析和多元回归分析的统计研究手段。

现有研究在创新能力或者创新绩效的认定上主要分为两种方式，一种是他评，一种是自评。在自评时，较多地使用创新行为或者绩效的自我评定量表，例如 Scott 和 Bruce（1994）的六题量表，Zhou 和 George（2001）在 Scott 和 Bruce（1994）研究基础上发展出来的关于员工在工作场所中创新行为的量表等。在他评时，通常由样本员工的上级主管给员工的创新行为或者绩效评分。

综上，目前较多的研究集中于传统工业企业的创新，对于提供无形产品的传媒公司的创新研究较为缺乏。此外，对于薪酬的研究脱离不开社会文化背景，国外关于薪酬对个体创新行为的研究结论在我国不具有强适用性。这不仅影响了创新管理理论的系统发展，而且企业管理者在实践应用时经常面临对创新的"激励不到和激励不足"问题。因此，未来的研究更需要从我国实际情况出发，密切关注薪酬体系对员工创新行为的效用。

此外，学术界对全面薪酬影响创造力的内在机理研究依旧不完善，还存在一些争议。例如：对于薪酬如何影响员工创造力，大部分学者认为薪酬对员工行为主要会产生正反两方面影响，促进其工作激情或降低其工作信心，即使该观点已经被 Eisenberger 和 Rhoades（2001）与 Shin 和 Zhou（2003）等学者的实证研究所支持，然而 Perry-Smith（2006）与 Shalley Perry-Smit（2001）等学者则认为内在动机对员工创造力的直接影响并不显著。因此，薪酬影响创造力的内在机制需要进一步深入研究。

国内外大量实证研究结果表明，心理授权在领导风格、工作态度、组织环境等与员工创新行为关系中起到关键的中介传导效用，同时，心理授权对员工的创新行为具有积极作用。因此，本研究试图将动机的两个维度（外在动机和内在动机）和心理授权作为研究的中介变量，并根据前人研究结果，提出传媒公司全面薪酬与员工创新行为关系的相关假设。

第四章　传媒公司全面薪酬与员工创新
行为关系的研究设计

第一节　研究假设及研究框架

一、研究假设的提出

以 Eisenberger 为首的研究学者验证了强化理论和期望理论所阐述的激励与绩效的正相关关系在有形薪酬与员工创新行为之间的作用，认为有形薪酬奖励对内部动机和创造力具有促进作用。但是以 Amabile 为代表的学者指出了有形薪酬奖励对创造性和创造行为动机的侵蚀问题，认为有形薪酬奖励会破坏员工的内在动机和创造力，有形薪酬奖励对创新有潜在的负面影响。此外，无形薪酬是针对员工心理进行的刺激性精神激励，员工更倾向于将无形薪酬归因于个人努力和个人的胜任能力，有利于增强内在创新动机和创新行为。为此本研究提出如下假设：

假设 H1　有形薪酬对员工创新行为有显著的促进作用

假设 H2　有形薪酬对员工创新行为的影响，呈现"倒 U"形关系

假设 H3　无形薪酬对员工创新行为有显著的促进作用

国内外学者在薪酬影响创造力的研究中达成共识，动机是薪酬影响创造力的中介变量，可通过动机来解释薪酬与创新的关系。针对创新的有形和无形薪酬，可以通过塑造他们的任务动机来影响员工的创新，这表明了动机对创新激励的中介作用（Deci et al.，2001；Ryan & Deci，2000）。为此本研究提出如下假设：

假设 H4　动机对员工创新行为有显著的促进作用

假设 H4a　外在动机在有形薪酬与员工创新行为之间起中介作用

假设 H4b　外在动机在无形薪酬与员工创新行为之间起中介作用

假设 H4c　内在动机在有形薪酬与员工创新行为之间起中介作用

假设 H4d　内在动机在无形薪酬与员工创新行为之间起中介作用

心理授权是个体与环境相联系的纽带，受很多因素影响，也影响了很多因素。国内尚无相关研究表明心理授权在全面薪酬与员工创新行为之间具有中介作用，本研究在此领域进行初步探索。

基于以上分析，本研究认为心理授权可以直接影响员工的创新行为，并且探索全面薪酬如何通过心理授权，进而影响员工创新行为。据此提出如下假设：

假设 H5　心理授权对员工创新行为有显著的促进作用

假设 H5a　工作意义对员工创新行为有显著的促进作用

假设 H5b　自主性对员工创新行为有显著的促进作用

假设 H5c　自我效能感对员工创新行为有显著的促进作用

假设 H5d　自我影响力对员工创新行为有显著的促进作用

假设 H6　心理授权在有形薪酬与员工创新行为之间起中介作用

假设 H7　心理授权在无形薪酬与员工创新行为之间起中介作用

综合以上分析，研究假设汇总如表 4-1 所示。

表 4-1　假设汇总

序号	假设内容	假设属性
假设 H1	有形薪酬对员工创新行为有显著的促进作用	验证性
假设 H2	有形薪酬对员工创新行为的影响，呈现"倒 U"形关系	验证性
假设 H3	无形薪酬对员工创新行为有显著的促进作用	验证性
假设 H4	动机对员工创新行为有显著的促进作用	验证性
假设 H4a	外在动机在有形薪酬与员工创新行为之间起中介作用	探索性
假设 H4b	外在动机在无形薪酬与员工创新行为之间起中介作用	探索性
假设 H4c	内在动机在有形薪酬与员工创新行为之间起中介作用	探索性
假设 H4d	内在动机在无形薪酬与员工创新行为之间起中介作用	探索性
假设 H5	心理授权对员工创新行为有显著的促进作用	验证性
假设 H5a	工作意义对员工创新行为有显著的促进作用	验证性
假设 H5b	自主性对员工创新行为有显著的促进作用	验证性
假设 H5c	自我效能对员工创新行为有显著的促进作用	验证性
假设 H5d	自我影响力对员工创新行为有显著的促进作用	验证性
假设 H6	心理授权在有形薪酬与员工创新行为之间起中介作用	探索性
假设 H7	心理授权在无形薪酬与员工创新行为之间起中介作用	探索性

二、研究框架的构建

在传媒公司全面薪酬研究的基础上，对研究的框架模型进一步完善，构建了实证研究的理论模型如图 4-1 所示，通过文献梳理对全面薪酬、动机、心理授权与员工创新行为等变量之间的关系做出初步的假设，为后续研究提供了模型和理论基础。

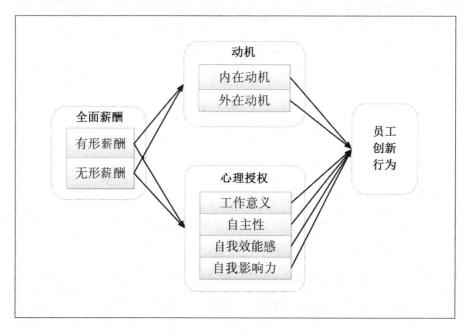

图 4-1　研究框架

第二节　问卷设计

一、问卷设计原则

为了确保实证研究的科学性和严谨性，增强量表的信度和效度，依照以下原则开发量表：

（1）尽可能采取比较成熟的量表，尤其是符合中国组织环境的成熟量表，或是在中国文化情境下得到验证的量表。成熟的量表经其开发者和后续学者不断完善，并得到大量的实验验证，其信效度较高。在引用过程中，避免对条目的随意删减以保证量表的完整性。

（2）当所测变量量表不够完善时，应以所测变量的内涵和外延、相关理论为基础修正测量量表。本研究以全面薪酬的内涵为基础，请相关学术专家及社会资深 HR 进行增删，开发了传媒公司全面薪酬与员工创新激励的测量量表。

（3）在实验过程中，为减少社会称许性对实验结果的影响，本研究引用 Paulhus（1991）的研究成果，尽量选择成熟的量表，实施匿名填答，减少表面效用，条目尽量中性化。

（4）尽可能选择封闭式问题作为量表条目，并注意量表条目的简洁，便于后期结果的统计和分析。

二、问卷构成

本研究采用学术界常用的 Likert 五点计分方法，即"完全符合（5分）""较符合（4分）""不确定（3分）""较不符合（2分）""完全不符合（1分）"五档。

调研问卷除人口统计学变量（年龄、学历、性别、职务等级等）外，由四部分构成，问卷设计的内容主要包括：全面薪酬、动机、心理授权和员工创新行为四个测量量表。内容参考国内外较为成熟的研究成果，考虑到传媒公司特殊的性质和员工工作特点，对量表条目术语进行修正，形成问卷，详见附录1。

第三节　研究变量测量量表

本研究的实证部分主要对全面薪酬、动机、心理授权和员工创新行为之间的关系进行研究。

一、动机

对于动机测量量表相关条目的编制，本问卷参照韩国学者 Hye Jung Yoon 等（2005）的研究成果，将量表翻译成中文并进行术语修正，从而形成动机的测量量表，如表4-2所示。

表4-2　动机测量量表

1	实现自我价值
2	获得更好的福利保障
3	工作任务是有意思、有趣的活动
4	可以得到领导或同事的认可
5	经济原因
6	工作技能的提升
7	实现自我职业规划
8	通过工作可以扩大我的社交范围

二、员工创新行为

对于员工创新行为测量量表相关条目的编制，本问卷参照了王贵军（2015）员工创新行为自测的八题量表。该量表是在国外学者关于员工创新行为问卷的基础上进行改进，该问卷更适用于知识型员工的测评。本研究以王贵军（2015）的量表为基础，经修正形成员工创新行为的测量量表，如表4-3所示。

表4-3　员工创新行为测量量表

1	我会去关注工作中或市场中不常出现的问题
2	我会主动寻找可以改善工作流程或服务水平等方面的机会
3	我会主动对工作任务提出新的构想或新的创意
4	我会从不同的角度看待工作中的问题，以获得更深入的见解
5	我敢于冒一定的风险以支持新构想或新方案的施行
6	我会为部门效益的提升，有意识地改变自己的工作行为
7	我会设法修正和解决创新实施过程中出现的问题
8	我会总结创新过程中的经验和教训

三、心理授权

对于心理授权测量量表相关条目的编制，本问卷参照了李超平等学者（2004）在中国文化背景下对 Spreitzer（1995）开发的心理授权测量量表进行适用性检验后的量表（实证研究表明在中国文化背景下心理授权量表具有很强的适用性）。因此，本研究沿用 Spreitzer（1995）开发的量表，经修正形成心理授权的测量量表，如表4-4所示。

表4-4　心理授权测量量表

1	现有单位提供的工作岗位对我来说非常有意义
2	工作内容对我个人来说非常有意义
3	我自己可以决定如何来完成我的工作任务

续表

4	在工作任务设定方面，我有很大的自主权和独立性
5	我掌握了完成工作所需要的各项技能
6	我认为我掌握的工作技能可以出色地完成工作
8	我对发生在本部门的事情起着很大的控制作用
9	我对发生在本部门的事情有重大的影响作用

四、全面薪酬

对于全面薪酬测量量表相关条目的编制，本问卷参照韩国学者 Hye
Jung Yoon 等（2005）的研究成果，根据本研究对全面薪酬内涵的界定，
开发了传媒公司全面薪酬的测量量表，为了便于被调查对象理解，问卷
中将基本工资从有形薪酬中剥离出来，因此问卷中的有形薪酬不包含基
本工资，如表4-5所示。

表4-5　全面薪酬测量量表

1	可以获得创新相关的经济奖励
2	可以获得创新相关的股份奖励
3	可以获得更多的晋升机会
4	可以获得领导及同事的认可和鼓励
5	可以获得精神奖励，例如荣誉证书等
6	公司提供舒适工作环境，激励我有更多创意
7	公司的弹性工作制，会促进我积极工作
8	在创新时可以获得单位或同事的帮助
9	可获得额外的带薪休假机会

第四节 问卷前测与问卷确定

为保证被调查对象能够理解问卷测量条目，提高问卷的适用性、科学性和易懂性，在发放问卷之前，研究者先在北京区域进行小样本的问卷前测，随机选取 6 家传媒公司，每个公司 5 份，针对不同职位进行发放，一共发放问卷 30 份，回收问卷 30 份，并针对每位前测对象，通过电话、微信和面对面交流，对问卷是否被调查者所理解进行访谈。根据反馈结果，对问卷条目进行修正，最终形成测量问卷（见附录 1），进而开展后续的大样本调研。

第五节 问卷发放与回收

本研究采用问卷前测后修正的正式问卷，然后通过问卷星和现场发放的方式进行问卷调研。在调研过程中，随时解释被调研者的直接或间接提问，从而保证其能理解问卷条目的含义。本次调研对象主要是北、上、广、深等城市的传媒公司员工，这些地区传媒公司发展快，具有典型代表性，进而保证本研究的价值。

此次调研一共回收问卷 233 份。基于以下 4 条原则对回收问卷进行筛选：①主观题有明显错误的；②填写问卷时间低于 180 秒的；③连续 5 个题选择相同的；④答案具有规律性分布的。根据以上原则筛选，最终得到有效问卷 200 份，问卷有效率为 85.8%。

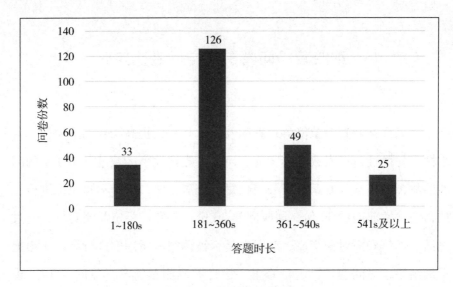

图 4-2 答题时长分布图

第五章 传媒公司全面薪酬与员工创新行为关系分析

第一节 描述性统计分析

调研问卷的第一部分是被调研者的人口统计学变量，其描述性统计分析结果如表5-1所示。

问卷调研结果显示，传媒公司从业人员年龄趋于年轻化，基本工资差距较大；该行业从业人员学历普遍偏高，其中高中文化程度被调研人员是公司前台，不涉及业务方面；该行业进入门槛较低，大部分是私营企业和民营企业，公司规模两极分化严重。

表 5-1 统计分析结果（N=200）

人口统计学变量	类别	人数（人）	百分比（%）	人口统计学变量	类别	人数（人）	百分比（%）
年龄	30（含）岁以下	111	55.5	性别	男	75	37.5
	31~35 岁	53	26.5		女	125	62.5
	36~40 岁	23	11.5	职务等级	普通员工	88	44.0
	41~50 岁	13	6.5		基层管理者	51	25.5
学历	高中或中专	5	2.5		中层管理者	40	20.0
	大专	32	16.0		高层管理者	21	10.5
	本科	111	55.5	公司性质	国有公司	26	13.0
	硕士及以上	52	26.0		集体所有制公司	5	2.5
工作任期	2（含）年以下	29	14.5		私营或民营公司	123	61.5
	2~5（含）年	64	32.0		中外合资/外资公司	21	10.5
	5~10（含）年	53	26.5		股份制公司	25	12.5
	10 年以上	54	27.0	公司规模	50（含）人以下	54	27.0
基本工资（元）	5000 以下	23	11.5		51~100 人	39	19.5
	5001~8000	37	18.5		101~150 人	12	6.0
	8001~10000	37	18.5		151~200 人	8	4.0
	10001~15000	38	19.0		201~500 人	14	7.0
	15001~20000	22	11.0		501~1000 人	8	4.0
	20001~30000	23	11.5		1000 人以上	65	32.5
	30001~50000	14	7.0				
	50000 以上	6	3.0				

第二节　变量间相关性分析

为验证传媒公司全面薪酬、动机、心理授权与员工创新行为之间的关系，本研究首先借助 SPSS 软件，应用分析法来检验变量之间的相关性，剔除了相关性不显著的变量，结果如表5-2所示。

表 5-2　全面薪酬、动机、心理授权与员工创新行为各维度相关分析结果（N=200）

	有形薪酬	无形薪酬	动机	外在动机	内在动机	心理授权	工作意义	自我效能	自主性	自我影响力	创新行为
有形薪酬	1										
无形薪酬	.817**	1									
动机	.500**	.539**	1								
外在动机	.500**	.511**	.938**	1							
内在动机	.431**	.495**	.929**	.744**	1						
心理授权	.402**	.445**	.585**	.494**	.602**	1					
工作意义	.391**	.447**	.661**	.581**	.655**	.766**	1				
自我效能	.344**	.389**	.481**	.389**	.513**	.901**	.636**	1			

	有形薪酬	无形薪酬	动机	外在动机	内在动机	心理授权	工作意义	自我效能	自主性	自我影响力	创新行为
自主性	.322**	.378**	.387**	.366**	.357**	.779**	.453**	.620**	1		
自我影响力	.270**	.263**	.399**	.302**	.447**	.827**	.444**	.680**	.531**	1	
创新行为	.358**	.436**	.532**	.482**	.513**	.714**	.606**	.591**	.609**	.546**	1

注：** 表示 $p < 0.01$（双尾检验），表中系数为标准化系数。

传媒公司各相关变量分析结果显示，本研究所选取变量之间均存在显著的相关关系，然后借助 SPSS 软件的回归分析法来检验全面薪酬、心理授权、动机与员工创新行为之间的关系。

第三节　主效应检验

本研究借助软件 SPSS 中回归分析法对主效应进行检验，以全面薪酬、动机、心理授权及其各维度为自变量，以员工的创新行为作为因变量，检验自变量对因变量的直接影响。具体验证分为两步：第一步，分析控制变量对结果变量的影响；第二步，分析主效应（全面薪酬、动机、心理授权及其各维度）对员工创新行为的影响。具体分析结果见表5-3。

表5-3　有形薪酬、无形薪酬、动机和心理授权及其各维度对员工创新行为的回归分析结果（N＝200）

模型	模型 a		模型 b		模型 c		模型 d		模型 e		模型 f		模型 g	
	β	t	β	t	β	t	β	t	β	t	β	t	β	t
常数		11.35		8.24		8.28		6.64		6.81		4.82		3.96
年龄	-0.086	-0.85	-0.106	-1.10	-0.117	-1.23	-0.070	-0.76	-0.052	-0.58	0.037	0.49	0.034	0.46
性别	0.019	0.27	0.011	0.16	0.029	0.44	0.013	0.20	-0.003	-0.04	0.014	0.27	0.008	0.17
学历	-0.027	-0.35	-0.009	-0.12	-0.001	-0.02	-0.015	-0.22	-0.016	-0.24	0.032	0.57	0.021	0.38
工作年限	0.052	0.46	0.065	0.60	0.091	0.86	0.057	0.56	0.095	0.94	-0.083	-0.99	-0.053	-0.64
基本工资	0.337***	3.79	0.275**	3.22	0.253*	3.02	0.291***	3.59	0.153	1.87	0.109	1.61	0.122*	1.82
有形薪酬			0.315***	4.75	-0.692*	-2.10								
有形薪酬的平方					1.023**	3.10								
无形薪酬							0.409***	6.65						
动机									0.480***	7.59				

续表

模型	模型 a		模型 b		模型 c		模型 d		模型 e		模型 f		模型 g	
	β	t	β	t	β	t	β	t	β	t	β	t	β	t
心理授权											0.691***	12.83		
工作意义													0.343***	5.35
自主性													0.033	0.41
自我效能													0.327***	5.12
自我影响力													0.161*	2.24
F	4.927***		8.313***		8.820***		12.390***		14.923***		34.988***		25.808***	
调整 R²	0.090		0.181		0.216		0.256		0.296		0.506		0.529	
VIF 最大值	2.844		2.846		27.570		2.844		2.853		2.889		2.950	

注：* $p<0.05$；** $p<0.01$；*** $p<0.001$（双尾检验），表中回归系数为标准化系数。

（1）控制变量对员工创新行为的影响

在表5-3中，模型a表示员工创新行为对控制变量的回归结果，其调整的 R^2 为0.090，表示所有控制变量解释了9.0%的方差，并且F值显著。回归分析结果表明：在传媒公司中，员工学历结构，本科生比较集中，模型a的分析结果显示，工作年限与员工创新行为有正相关关系，但是相关性不显著。这仅能在一定程度上表明，随着工作年限的增长，其创新行为愈加丰富。究其原因，工作年限越长，掌握的资源越丰富，职业视野更广，从而表现出更多的创新行为。此外，表5-2中展现的描述性统计分析结果表明，传媒公司中薪酬水平差距较大，模型a的结果显示，员工基本工资水平越高，工作中创新行为表现也越多。

（2）有形薪酬与员工创新行为的关系（假设H1）

模型b反映了有形薪酬与员工创新行为的关系，其调整的 R^2 为0.181，表示控制变量和有形薪酬解释了18.1%的方差，并且F值显著，其中基本工资和有形薪酬对创新行为的影响比较显著。同时，控制变量和有形薪酬的VIF值中，最大值为2.846<10，因此该模型的多重共线性问题可以忽略。结果表明，假设H1通过验证，说明有形薪酬与创新行为有显著的正相关关系。

（3）有形薪酬与员工创新行为的"倒U"形关系（假设H2）

模型c反映了有形薪酬与员工创新行为的"正U"形关系，其调整的 R^2 为0.216，表示控制变量、有形薪酬和有形薪酬平方解释了21.6%的方差，并且F值显著，其中基本工资和有形薪酬对创新行为的影响比较显著。同时，控制变量、有形薪酬和有形薪酬平方中的VIF值最大为27.570，是有形薪酬平方与有形薪酬关系造成，对该模型最后结果没有太大影响。结果表明，假设H2未通过验证，说明在传媒公司，有形薪酬对创新行为的影响，呈现"正 U"形关系，这与该行业的工资水平有关系，差距比较大；只有大金额的奖励才能更好地促进员工创新行为，这与一般的工业企业有所不同。究其原因，传媒行业是典型的经验和能力导向型行业，入门的有形薪酬都不高，随着经验和能力的提升，薪酬不断上涨。同时该行业的人员流动性很大，很多员工一旦能力突出并拥有稳定客户资源，就会选择跳槽或者创业。因此，各传媒公司都会通过有形薪酬的大幅提升来保持稳定的员工队伍和员工的创新能力。

（4）无形薪酬与员工创新行为的关系（假设 H3）

模型 d 反映了无形薪酬与员工创新行为的关系，其调整的 R^2 为 0.256，表示控制变量和无形薪酬解释了 25.6% 的方差，并且 F 值显著，其中基本工资和无形薪酬对创新行为的影响比较显著。同时，控制变量和无形薪酬的 VIF 值中，最大值为 2.844<10，因此该模型的多重共线性问题可以忽略。结果表明，假设 H3 通过验证，说明无形薪酬与创新行为有显著的正相关关系。

对比模型 b 和模型 d，有形薪酬对员工创新行为影响的修正系数是 0.315（p<0.001），无形薪酬对员工创新行为影响的修正系数是 0.409（p<0.001），0.409 略大于 0.315，说明无形薪酬对员工创新行为的影响强于有形薪酬。

（5）动机与员工创新行为的关系（假设 H4）

模型 e 反映了动机与员工创新行为的关系，其调整的 R^2 为 0.296，表示控制变量和动机解释了 29.6% 的方差，并且 F 值显著，其中仅有动机对创新行为有比较显著的影响。同时，控制变量和动机的 VIF 值中，最大值为 2.853<10，因此该模型的多重共线性问题可以忽略。结果表明，假设 H4 通过验证，说明动机与创新行为有显著的正相关关系。

（6）心理授权与员工创新行为的关系（假设 H5）

模型 f 反映了心理授权与员工创新行为的关系，其调整的 R^2 为 0.506，表示控制变量和心理授权解释了 50.6% 的方差，并且 F 值显著，其中心理授权对创新行为的影响比较显著。同时，控制变量和心理授权的 VIF 值中，最大值为 2.889<10，因此该模型的多重共线性问题可以忽略。结果表明，假设 H5 通过验证，说明心理授权与创新行为有显著的正相关关系。

（7）心理授权四个维度与员工创新行为的关系（假设 H5a/H5b/H5c/H5d）

模型 g 反映了工作意义、自主性、自我效能和自我影响力等心理授权的四个维度与员工创新行为的关系，其调整的 R^2 为 0.529，表示控制变量和心理授权四个维度解释了 52.9% 的方差，其中工作意义、自我效能、自我影响力、基本工资对创新行为有比较显著的影响。同时，控制变量和心理授权四个维度的 VIF 值中，最大值为 2.950<10，因此该模型的多重共线性问题可以忽略。结果表明，假设 H5a、H5c 和 H5d 通过验证，说明了心理授权在工作意义、自我效能和自我影响力三个维度与创新行为有显著的正相关关系，且影响程度不同，从高到低依次是工作意义（β = 0.343***）、自我效能（β = 0.327***）、自我影响力（β = 0.161*）；假设 H5b 未通过验证，这可能与传媒公司的工作性质相关，在传媒公司，虽然存在创新创意，但是依旧要按照甲方要求完成工作，导致从业人员并未感受到完全的自主性。

第四节　中介效应检验

本研究首先借助软件 SPSS 对预测变量进行回归分析，然后应用结构方程模型对回归分析结果开展进一步验证。

一、回归分析

根据 James 和 Brett（1984）的观点，中介变量需要满足三个条件：①自变量对中介变量有显著影响；②自变量对因变量有显著影响；③自变量对因变量的影响程度会因中介变量的介入而降低或消失。

采用 SPSS 对中介变量的效应进行检验时，本研究采用 Baron 和 Kenny（1986）的检验方法①，具体步骤如图 5-1 所示。

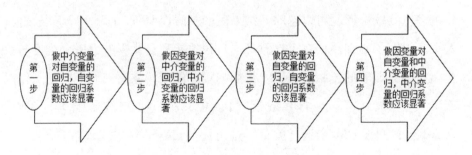

图 5-1　步骤及判定条件

本研究也依照此方法对外在动机、内在动机和心理授权是否是传媒

---

① 方法说明：在中介变量系数显著的前提下，看自变量的回归系数，如果自变量系数不显著，则存在完全中介；如果自变量系数仍然显著但比第三步中的回归系数有所降低，则表明存在部分中介作用。

公司全面薪酬与员工创新行为之间的中介变量进行验证。

全面薪酬两个维度（有形薪酬和无形薪酬）、外在动机、内在动机、心理授权与员工创新行为关系的检验结果，如表5-4和表5-5所示。

（1）中介变量对自变量的回归（模型1至模型6）

从表5-4可知，模型1表示外在动机对控制变量和有形薪酬的回归，其回归系数（$\beta=0.405$，$p<0.001$）达到显著水平；模型2表示外在动机对控制变量和无形薪酬的回归，其回归系数（$\beta=0.473$，$p<0.001$）达到显著水平；模型3表示内在动机对控制变量和有形薪酬的回归，其回归系数（$\beta=0.460$，$p<0.001$）达到显著水平；模型4表示内在动机对控制变量和无形薪酬的回归，其回归系数（$\beta=0.482$，$p<0.001$）达到显著水平；模型5表示心理授权对控制变量和有形薪酬的回归，其回归系数（$\beta=0.351$，$p<0.001$）达到显著水平；模型6表示心理授权对控制变量和无形薪酬的回归，其回归系数（$\beta=0.416$，$p<0.001$）达到显著水平。

可见，模型1至模型6的F值均达到显著水平。其验证结果表明，全面薪酬在有形薪酬和无形薪酬两个维度分别对外在动机、内在动机和心理授权有显著的正向影响。同时，外在动机、内在动机和心理授权的中介效应验证的第一步通过检验。

（2）因变量对中介变量的回归（模型7至模型9）

从表5-4可知，模型7表示创新行为对控制变量和外在动机的回归，其回归系数（$\beta=0.463$，$p<0.001$）达到显著水平；模型8表示创新行为对控制变量和内在动机的回归，其回归系数（$\beta=0.424$，$p<0.001$）达到显著水平；模型9表示创新行为对控制变量和心理授权的

表5-4　中介效应检验结果

回归方式	多元回归分析								
模型	外在动机		内在动机		心理授权			创新行为	
	模型 1	模型 2	模型 3	模型 4	模型 5	模型 6	模型 7	模型 8	模型 9
	β	β	β	β	β	β	β	β	β
年龄	−0.097	−0.052	−0.093	−0.044	−0.201	−0.162	−0.053	−0.059	0.037
性别	0.010	0.014	0.049	0.054	−0.002	0.001	0.009	−0.007	0.014
学历	0.058	0.049	−0.047	−0.060	−0.065	−0.074	−0.043	0.004	0.032
工作年限	−0.052	−0.063	−0.077	−0.090	0.211*	0.201*	0.084	0.093	−0.083
基本工资	0.228**	0.254**	0.313***	0.350***	0.260**	0.282***	0.194**	0.166	0.109
有形薪酬	0.405***		0.460***		0.351***				
无形薪酬		0.473***		0.482***		0.416***			
外在动机							0.463***		
内在动机								0.424***	
心理授权									0.691***
F	10.336***	14.262***	15.429***	17.388***	11.489***	14.836***	14.352***	11.938***	34.988***
调整 R^2	0.220	0.286	0.303	0.331	0.240	0.294	0.287	0.248	0.506
△R^2	0.250	0.247	0.245	0.241	0.250	0.246	0.246	0.249	0.201

注：* $p < 0.05$；** $p < 0.01$；*** $p < 0.001$（双尾检验），表中回归系数为标准化系数。

表5-5 中介效应检验结果（接表5-4）

回归方式		层级回归						
模型	模型10	模型11	模型12	模型13	模型14	模型15	模型16	模型17
	创新行为 β	β		创新行为 β		β		
年龄	-0.106	-0.070	-0.067	-0.074	0.027	-0.052	-0.058	0.030
性别	0.011	0.013	0.007	-0.006	0.012	0.008	-0.002	0.012
学历	-0.009	-0.015	-0.032	0.007	0.034	-0.032	0.001	0.030
工作年限	0.065	0.057	0.086	0.092	-0.074	0.078	0.082	-0.067
基本工资	0.275**	0.290***	0.184*	0.166	0.104	0.205*	0.195*	0.116
有形薪酬	0.311***		0.149*	0.151*	0.079			
无形薪酬		0.409***				0.250***	0.277***	0.152**
外在动机			0.399***			0.334***		
内在动机				0.348***			0.274***	
心理授权					0.660***			0.618***
F	8.313***	12.390***	13.274***	11.063***	30.456***	15.135***	13.312***	32.108***
调整 R^2	0.181	0.256	0.302	0.261	0.509	0.332	0.302	0.522
$\triangle R^2$	0.248	0.249	0.221	0.081	0.328	0.076	0.047	0.267

注：* $p<0.05$；** $p<0.01$；*** $p<0.001$（双尾检验），表中回归系数为标准化系数。

87

回归，其回归系数（β＝0.691，p<0.001）达到显著水平，模型9的分析结果意味着假设H5得以验证，即心理授权对员工创新行为的影响具有显著促进作用。

可见，模型7至模型9的F值均达到显著水平。同时，其验证结果表明外在动机、内在动机和心理授权的中介效应验证的第二步通过检验。

（3）因变量对自变量的回归（模型10和模型11）

从表5-5可知，模型10表示创新行为控制变量和有形薪酬的回归，其回归系数（β＝0.311，p<0.001）达到显著水平；模型11表示创新行为控制变量和无形薪酬的回归，其回归系数（β＝0.409，p<0.001）达到显著水平。

可见，模型10和模型11属于层级回归的第一级。模型10和模型11分别表示员工创新行为对控制变量和全面薪酬两个维度的回归，结果表明假设H1和H3通过检验。模型10和模型11的F值均达到显著水平，也表明外在动机、内在动机和心理授权中介效应验证的第三步通过检验。

（4）因变量对自变量和中介变量的回归（模型12至模型17）

模型12至模型17属于层级回归的第二级。

1. 验证假设H4a/H4c/H6（模型12至模型14）

模型12表示创新行为对控制变量、有形薪酬和外在动机的回归，其F值为13.274（p<0.001）；其调整的R^2为0.302，意味着控制变量、有形薪酬和外在动机三个变量解释了30.2%的方差，其中有形薪酬（β＝0.149，p<0.05）和外在动机（β＝0.399，p<0.001）均对员工创新行为的影响达到了显著水平。模型12的$\triangle R^2$为0.221，意味着层级回归第二级引入模型的外在动机额外解释了因变量22.1%的方差，增强了对员工创新行为的解释能力。

模型 13 表示创新行为对控制变量、有形薪酬和内在动机的回归，其 F 值为 11. 063（p<0. 001）；其调整的 R^2 为 0. 261，意味着控制变量、有形薪酬和内在动机三个变量解释了 26. 1%的方差，其中有形薪酬（β=0. 151，p<0. 05）和内在动机（β=0. 348，p<0. 001）均对员工创新行为的影响达到了显著水平。模型 13 的 $\triangle R^2$ 为 0. 081，意味着层级回归第二级引入模型的内在动机额外解释了因变量 8. 1%的方差，增强了对员工创新行为的解释能力。

模型 14 表示创新行为对控制变量、有形薪酬和心理授权的回归，其 F 值为 30. 456（p<0. 001）；其调整的 R^2 为 0. 509，意味着控制变量、有形薪酬和心理授权三个变量解释了 50. 9%的方差，其中有形薪酬（β=0. 079，p=0. 151）对员工创新行为的影响未达到显著水平，心理授权（β=0. 660，p<0. 001）对员工创新行为的影响达到了显著水平。模型 14 的 $\triangle R^2$ 为 0. 328，意味着层级回归第二级引入模型的心理授权额外解释了因变量 32. 8%的方差，增强了对员工创新行为的解释能力。

模型 12 至模型 14 的检验结果表明：①模型 12 的验证结果，当引入外在动机后，传媒公司有形薪酬对员工创新行为的回归系数仍然显著，但该系数（β=0. 149，p<0. 05）比模型 10 中的系数（β=0. 311，p<0. 001）的值有显著性降低。由此可以判定，外在动机在传媒公司有形薪酬与员工创新行为之间起着部分中介作用，意味着有效利用员工外在动机可以成为传媒公司人力资源管理方提高员工创新行为的手段，同时假设 H4a 中的中介作用修正为部分中介作用。②模型 13 的验证结果，当引入内在动机后，传媒公司有形薪酬对员工创新行为的回归系数仍然显著，但该系数（β=0. 151，p<0. 05）比模型 10 中的系数（β=0. 311，p<0. 001）的值有显著性降低。由此可以判定，内在动机在传

媒公司有形薪酬与员工创新行为之间起着部分中介作用，意味着有效利用员工内在动机可以成为传媒公司人力资源管理方提高员工创新行为的手段，同时假设 H4c 中的中介作用修正为部分中介作用。③模型 14 的验证结果，当引入心理授权后，传媒公司有形薪酬对员工创新行为的回归系数变得不显著，而模型 10 中的系数（$\beta = 0.311$，$p<0.001$）显著。由此推断，心理授权在传媒公司对有形薪酬与员工创新行为之间的关系具有完全中介作用，意味着有效利用员工心理授权可以成为传媒公司人力资源管理方提高员工创新行为的手段，同时假设 H6 中的中介作用修正为完全中介作用。

2. 验证假设 H4b/H4d/H7（模型 15 至模型 17）

模型 15 表示创新行为对控制变量、无形薪酬和外在动机的回归，其 F 值为 15.135（$p<0.001$）；其调整的 R^2 为 0.332，意味着控制变量、无形薪酬和外在动机三个变量解释了 33.2% 的方差，其中无形薪酬（$\beta = 0.250$，$p<0.001$）和外在动机（$\beta = 0.344$，$p<0.001$）均对员工创新行为的影响达到显著水平。模型 15 的 $\triangle R^2$ 为 0.076，意味着层级回归第二级引入模型的外在动机额外解释了因变量 7.6% 的方差，增强了对员工创新行为的解释能力。

模型 16 表示创新行为对控制变量、无形薪酬和内在动机的回归，其 F 值为 13.312（$p<0.001$）；其调整的 R^2 为 0.302，意味着控制变量、无形薪酬和内在动机三个变量解释了 30.2% 的方差，其中无形薪酬（$\beta = 0.277$，$p<0.001$）和内在动机（$\beta = 0.274$，$p<0.001$）均对员工创新行为的影响达到显著水平。模型 16 的 $\triangle R^2$ 为 0.047，意味着层级回归第二级引入模型的内在动机额外解释了因变量 4.7% 的方差，增强了对员工创新行为的解释能力。

模型 17 表示创新行为对控制变量、无形薪酬和心理授权的回归，其 F 值为 32.108（p<0.001）；其调整的 R^2 为 0.522，意味着控制变量、无形薪酬和心理授权三个变量解释了 52.2% 的方差，其中无形薪酬（β=0.152，p<0.01）和心理授权（β=0.618，p<0.001）均对员工创新行为的影响达到了显著水平。模型 17 的 $\triangle R^2$ 为 0.267，意味着层级回归第二级引入模型的心理授权额外解释了因变量 26.7% 的方差，增强了对员工创新行为的解释能力。

模型 15 至模型 17 的检验结果表明：①模型 15 的验证结果，当引入外在动机后，传媒公司无形薪酬对员工创新行为的回归系数仍然显著，但该系数（β=0.250，p<0.001）比模型 11 中的系数（β=0.409，p<0.001）的值有所降低。由此可以判定，外在动机在传媒公司无形薪酬与员工创新行为之间起着部分中介作用，意味着有效利用员工外在动机可以成为传媒公司人力资源管理方提高员工创新行为的手段，同时假设 H4b 中的中介作用修正为部分中介作用。②模型 16 的验证结果，当引入内在动机后，传媒公司无形薪酬对员工创新行为的回归系数仍然显著，但该系数（β=0.277，p<0.001）比模型 11 中的系数（β=0.409，p<0.001）的值有所降低。由此可以判定，内在动机在传媒公司无形薪酬与员工创新行为之间起着部分中介作用，意味着有效利用员工内在动机可以成为传媒公司人力资源管理方提高员工创新行为的手段，同时假设 H4d 中的中介作用修正为部分中介作用。③模型 17 的验证结果，当引入心理授权后，传媒公司无形薪酬对员工创新行为的回归系数仍然显著，但该系数（β=0.152，p<0.01）比模型 11 中的系数（β=0.409，p<0.001）的值有显著性降低。由此可以判定，心理授权在传媒公司无形薪酬与员工创新行为之间具有部分中介作用，意味着有效利用员工心

理授权可以成为传媒公司人力资源管理方提高员工创新行为的手段，同时假设 H7 中的中介作用修正为部分中介作用。

至此，心理授权、外在动机和内在动机为传媒公司全面薪酬两个维度与创新行为之间的中介变量的最后一步也通过检验验证。

二、层级分析结果的进一步验证

为验证外在动机、内在动机和心理授权的中介效应，本研究借助AMOS 软件，以全面薪酬的两个维度（有形薪酬和无形薪酬）为自变量，以创新行为作为因变量，以外在动机、内在动机和心理授权为中介变量，分别构建结构方程模型Ⅰ、模型Ⅱ和模型Ⅲ。运行结果如下（其中，图 5-2、图 5-3、图 5-4 和图 5-5 中字母的含义，请参照附录中的调研问卷）：

（1）外在动机为中介变量构建模型Ⅰ，运行结果如图 5-2 和表5-6所示：

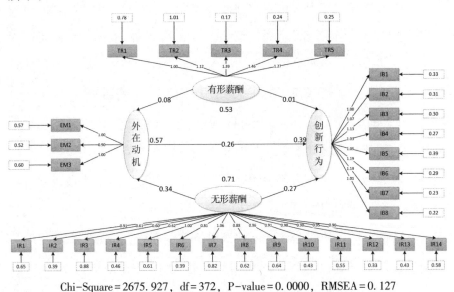

Chi-Square=2675.927, df=372, P-value=0.0000, RMSEA=0.127

图 5-2　中介效应检验模型 I

表 5-6 模型 I 运行结果

路径	路径系数（β）	T 值	拟合指数	数值
有形薪酬—外在动机	0.075*	0.987	CMIN/df	7.19
无形薪酬—外在动机	0.335***	3.474	GFI	0.716
有形薪酬—创新行为	0.006*	0.71	AGFI	0.791
无形薪酬—创新行为	0.274***	3.915	CFI	0.921
外在动机—创新行为	0.265***	4.239	RFI	0.907
			NFI	0.907
			NNFI	0.907
			RMSEA	0.127
			RMR	0.28

注：* $p<0.05$；** $p<0.01$；*** $p<0.001$（双尾检验），表中回归系数为标准化系数。

如表 5-6 所示，模型 I 的路径系数中，"无形薪酬—外在动机"（β=0.335）、"无形薪酬—创新行为"（β=0.274）和"外在动机—创新行为"（β=0.265）等三条路径的系数十分显著，"有形薪酬—外在动机"（β=0.075）和"有形薪酬—创新行为"（β=0.006）的路径系数较显著。模型 I 的绝对拟合指数中，CMIN/df 值为 7.19>5，RMSEA 为 0.127>0.1，表明这两个指数不算太好；GFI 值为 0.716<0.9，AGFI 值为 0.791<0.8，表明指数 GFI 和指数 AGFI 拟合不是十分理想，但在接受范围内；RMR 为 0.28，但是该指标受样本大小 N 的系统影响，所以 RMR 本身不是个很可靠的拟合指标；其他拟合指数均大于 0.9，达到理想水平。总体来说，模型 I 是一个较理想的模型。模型 I 表明，外在动机在传媒公司有形薪酬和无形薪酬与员工创新行为之间均起着部分中介作用，假设 H4a 和假设 H4c 得到修正，即外在动机可以降低有形薪酬和无形薪酬的感知。

（2）内在动机为中介变量构建模型Ⅱ，运行结果如图5-3和表5-7所示：

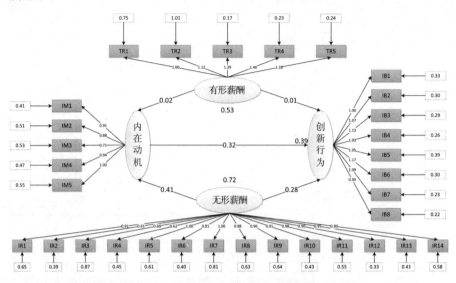

Chi-Square=2816.373，df=401，P-value=0.0000，RMSEA=0.122

图5-3　中介效应检验模型Ⅱ

表5-7　模型Ⅱ运行结果

路径	路径系数（β）	T值	拟合指数	数值
有形薪酬—内在动机	0.024*	1.319	CMIN/df	6.957
无形薪酬—内在动机	0.412***	4.077	GFI	0.708
有形薪酬—创新行为	0.006*	0.483	AGFI	0.749
无形薪酬—创新行为	0.277***	3.923	CFI	0.926
内在动机—创新行为	0.319***	4.356	RFI	0.923
			NFI	0.923
			NNFI	0.923
			RMSEA	0.122
			RMR	0.27

注：* p<0.05；** p<0.01；*** p<0.001（双尾检验），表中回归系数为标准化系数。

如表 5-7 所示，模型 Ⅱ 的路径系数中，"无形薪酬—内在动机"（β＝0.412）、"无形薪酬—创新行为"（β＝0.277）和"内在动机—创新行为"（β＝0.319）等三条路径的系数十分显著，"有形薪酬—内在动机"（β＝0.024）和"有形薪酬—创新行为"（β＝0.006）的路径系数较显著。模型 Ⅱ 的绝对拟合指数中，CMIN/df 值为 6.957>5，RMSEA 值为 0.122>0.1，表明这两个指数不算太好；GFI 值为 0.708<0.9，AGFI 值为 0.749<0.8，表明指数 GFI 和指数 AGFI 拟合不是十分理想，但在接受范围内；RMR 为 0.27，但是该指标受样本大小 N 的系统影响，所以 RMR 本身不是个很可靠的拟合指标；其他拟合指数均大于 0.9，达到理想水平。总体来说，模型 Ⅱ 是一个较理想的模型。模型 Ⅱ 表明，内在动机在传媒公司有形薪酬和无形薪酬与员工创新行为之间均起着部分中介作用，假设 H4b 和假设 H4d 得到修正。

（3）心理授权为中介变量构建模型 Ⅲ，运行结果如图 5-4、表 5-8 所示：

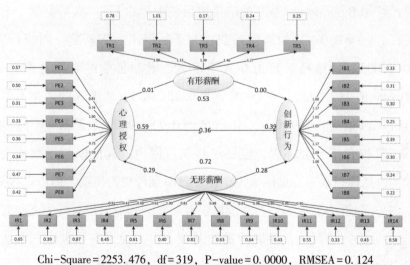

Chi-Square=2253.476, df=319, P-value=0.0000, RMSEA=0.124

图 5-4　中介效应检验模型 Ⅲ

表5-8 模型Ⅲ运行结果

路径	路径系数（β）	T值	拟合指数	数值
有形薪酬—心理授权	0.008*	1.127	CMIN/df	7.06
无形薪酬—心理授权	0.293***	3.404	GFI	0.759
有形薪酬—创新行为	0	0	AGFI	0.734
无形薪酬—创新行为	0.276***	3.925	CFI	0.903
心理授权—创新行为	0.363***	5.303	RFI	0.917
			NFI	0.917
			NNFI	0.917
			RMSEA	0.124
			RMR	0.248

注：* $p<0.05$；** $p<0.01$；*** $p<0.001$（双尾检验），表中回归系数为标准化系数。

如表5-8所示，模型Ⅲ的路径系数中，"无形薪酬—心理授权"（β=0.293）、"无形薪酬—创新行为"（β=0.276）和"心理授权—创新行为"（β=0.363）等三条路径的系数十分显著，"有形薪酬—心理授权"（β=0.008）的路径系数较显著，但"有形薪酬—创新行为"（β=0.000）的路径系数为0且不显著。模型Ⅲ的绝对拟合指数中，CMIN/df值为7.06>5，RMSEA值为0.124>0.1，表明这两个指数不算太好；GFI值为0.759<0.9，AGFI值为0.734<0.8，表明指数GFI和指数AGFI拟合不十分理想，但在可接受范围内；其他拟合指数均大于0.9，达到理想水平。总体来说，模型Ⅲ不是理想的模型，但可以接受。

上文分析结果显示，心理授权在有形薪酬和员工创新行为之间起着完全中介作用。因此，在模型Ⅲ的基础上，去掉"有形薪酬—创新行为"这条路径，得到模型Ⅳ，模型Ⅳ的运行结果如图5-5、表5-9所示：

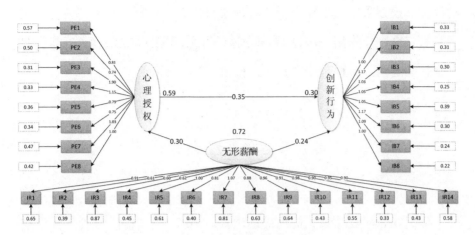

Chi-Square = 2274. 725，df = 322，P-value = 0. 0000，RMSEA = 0. 121

图 5-5 中介效应检验模型 Ⅳ

表 5-9 模型 Ⅳ 运行结果

路径	路径系数（β）	T 值	拟合指数	数值
无形薪酬—心理授权	0. 301 ***	4. 994	CMIN/df	7. 668
无形薪酬—创新行为	0. 242 ***	5. 02	GFI	0. 759
心理授权—创新行为	0. 352 ***	6. 537	AGFI	0. 734
			CFI	0. 903
			RFI	0. 917
			NFI	0. 917
			NNFI	0. 917
			RMSEA	0. 121
			RMR	0. 078

注：* p<0. 05；** p<0. 01；*** p<0. 001（双尾检验），表中回归系数为标准化系数。

如表 5-9 所示，模型 Ⅳ 的所有路径系数均达到显著水平，并且各项拟合指标在模型 Ⅲ 的基础上得到改善。因此，模型 Ⅳ 是一个相对理想的模型。模型Ⅲ和模型Ⅳ表明，心理授权在有形薪酬与员工创新行为之间具有完全中介作用，假设 H6 得到修正；心理授权在无形薪酬与员工创新行为之间具有部分中介作用，假设 H7 得到修正。

第五节　分析结果讨论

根据问卷回收结果，首先借助软件 SPSS 回归分析法对研究假设进行主效应检验，即以有形薪酬、无形薪酬、动机、心理授权及其各维度为自变量，以员工创新行为作为因变量，验证自变量对因变量的直接影响，并分别探讨全面薪酬和心理授权各维度的影响程度。然后，用结构方程模型借助软件 AMOS 对全面薪酬与员工创新行为关系的中介效应模型进行验证，即对心理授权、外在动机和内在动机对传媒公司全面薪酬与员工创新行为关系的中介效应进行验证。最后本文假设验证结果，如表 5-10 所示：

表 5-10　验证结果汇总

序号	假设内容	结果
假设 H1	有形薪酬对员工创新行为有显著的促进作用	支持
假设 H2	有形薪酬对员工创新行为的影响，呈现"倒 U"形关系	不支持
假设 H3	无形薪酬对员工创新行为有显著的促进作用	支持
假设 H4	动机对员工创新行为有显著正向影响	支持
假设 H4a	外在动机在有形薪酬与员工创新行为之间起中介作用	修正
假设 H4b	外在动机在无形薪酬与员工创新行为之间起中介作用	修正

序号	假设内容	结果
假设 H4c	内在动机在有形薪酬与员工创新行为之间起中介作用	修正
假设 H4d	内在动机在无形薪酬与员工创新行为之间起中介作用	修正
假设 H5	心理授权对员工创新行为有显著的促进作用	支持
假设 H5a	工作意义对员工创新行为有显著的促进作用	支持
假设 H5b	自主性对员工创新行为有显著的促进作用	不支持
假设 H5c	自我效能对员工创新行为有显著的促进作用	支持
假设 H5d	自我影响力对员工创新行为有显著的促进作用	支持
假设 H6	心理授权在有形薪酬与员工创新行为之间起中介作用	修正
假设 H7	心理授权在无形薪酬与员工创新行为之间起中介作用	修正

根据检验结果，对本文所提假设修正结果，如表5-11所示：

表5-11 修正后结果汇总

原条目标记	现条目标记	内容
假设 H1	H1	有形薪酬对员工创新行为有显著的促进作用
假设 H2	HH2	有形薪酬对员工创新行为的影响，呈现"正U"形关系
假设 H3	H3	无形薪酬对员工创新行为有显著的促进作用
假设 H4	H4	动机对员工创新行为有显著的促进作用
假设 H4a	HH4a	外在动机在有形薪酬与员工创新行为之间起部分中介作用
假设 H4b	HH4b	外在动机在无形薪酬与员工创新行为之间起部分中介作用
假设 H4c	HH4c	内在动机在有形薪酬与员工创新行为之间起部分中介作用

原条目标记	现条目标记	内容
假设 H4d	HH4d	内在动机在无形薪酬与员工创新行为之间起部分中介作用
假设 H5	H5	心理授权对员工创新行为有显著的促进作用
假设 H5a	H5a	工作意义对员工创新行为有显著的促进作用
假设 H5c	H5c	自我效能对员工创新行为有显著的促进作用
假设 H5d	H5d	自我影响力对员工创新行为有显著的促进作用
假设 H6	HH6	心理授权在有形薪酬与员工创新行为之间起完全中介作用
假设 H7	HH7	心理授权在无形薪酬与员工创新行为之间起部分中介作用

（1）在传媒公司，有形薪酬对员工的创新行为有显著的促进作用。外部给予的有形薪酬奖励并未降低员工创新的自主性和内部动机，针对创新的有形薪酬奖励手段能激发员工创新方面的出色表现。此外，国内企业的相关研究表明，有形薪酬与创新行为呈现"倒 U"形关系，意味着员工的注意力会从主动创新本身转移到如何获得创新薪酬上，从而削弱了其主动创新行为，这些国内研究对象的选择并未区分企业类型。但是，在传媒类公司这一现象并不明显，有形薪酬并未转移或侵蚀员工的内部创新动机进而降低其创新行为，即有形薪酬对创新行为的"过度侵蚀效应"并不明显。

（2）在传媒公司，无形薪酬与创新行为的正向影响关系，支持了浪漫主义视角强调内在激励的观点。这表明在促进员工创新上，精神激励对物质激励有着积极的辅助作用。将有形和无形薪酬手段相结合的全面薪酬体系为促进员工的创新提供了综合的激励机制。

（3）在传媒公司，员工的动机的确会对创新行为有显著促进作用，而且内在动机和外在动机的中介效应，进一步解释了有形薪酬和无形薪酬对员工创新行为关系的作用机制。这表明了针对创新的有形薪酬和无形薪酬，可以通过提升员工动机，进而增强激励作用促进创新行为。

（4）本研究从自我效能、工作意义、自我影响力和自主性——心理授权四个维度，对员工创新行为的影响进行了分析。结果表明，除了自主性维度对员工创新行为没有显著促进作用，其他心理授权的维度都对员工创新行为有显著促进作用。可见，在传媒公司，员工对自己能否成功地完成创新工作的主观判断与创新行为相关，自我效能感高的员工更有信心面对不确定性和用新的方法解决问题，因而会促使员工产生创新行为。工作意义与员工创新行为相关，如果员工认为自己从事的工作非常有价值，就会促使他更加努力工作，对于工作中存在的问题就会更用心地思考，从而想出解决问题的新办法。自我影响力与创新相关，员工的工作对组织战略和政策越有影响时，员工创新行为越积极。但是，在传媒公司，员工自主性与创新行为关系不大，因员工的自主性受到甲方要求的限制，其创新工作中的自主程度不大，与创新行为关系不大。

（5）从全面薪酬对员工创新行为影响关系中心理授权的作用来看，加入心理授权后回归方程总体显著，心理授权在无形薪酬中对创新行为影响的中介效应较弱。这说明，心理授权在有形薪酬与员工创新行为之间起完全中介作用。管理者在安排工作时，要注意激发员工的内在动机，给予其心理感知，以提升员工工作的意愿及动机，这将有助于提升全面薪酬对创新行为的促进作用。

第六章　以员工创新为导向的全面薪酬体系设计

第一节　全面薪酬体系设计的原则

一、战略性原则

在企业全面薪酬体系设计过程中，首先需要体现出企业的战略目标，同时还需要符合自身的愿景和价值观。企业需要在充分考量自身经营状况和战略目标的基础上，结合市场环境，选择和设计相应的全面薪酬体系。一家企业的全面薪酬体系可以体现出企业对员工的人文关怀和企业自身的发展战略，与传统的薪酬模式相比，依据企业自身战略所设计的全面薪酬体系具有更好的激励效用，能够在更为多元化、差异化的薪酬激励政策中推动企业沿着自身的战略目标良性发展。

二、认可性原则

企业的全面薪酬体系若想发挥出员工创新激励的效果，必须获得企业内部和外部的多层次认可，其中，企业内部认可表现为管理者和员工的认可，企业外部的认可是国家法律法规的认可。

（一）内部认可原则

公司在全面薪酬战略的具体实施阶段需要向自身员工做好宣传工作，要向员工和管理者征集建设性的意见，并解释为什么要设置全面薪酬体系，强调随之而来的福利政策以达到对员工的激励效果。一个科学的全面薪酬体系一定是由员工和管理者共同建立的，只有充分尊重一线员工和基层管理者的意见，才能切实地解决公司所面临的问题。如果没能正确地引导员工认可全面薪酬体系，可能会降低耗费了大量管理成本而构建的全面薪酬体系的效果，甚至引发员工的抵触情绪。此外，也需要向员工解释哪些个人行为是有效的创新行为，或者达成什么样的创新绩效才能触发奖励机制，并使员工对这些获得奖励的途径感到认可，从而激发员工的创新积极性，达到全面薪酬体系设计的引导作用。图6-1列出了基本工资、短期可变工资、长期激励、福利、津贴和其他非现金奖励的薪酬要素，以及当管理者设置的目标和任务完成时，如何奖励员工。

（二）外部认可原则

全面薪酬体系和薪酬管理制度建设，必然要以遵守法律为基本前提。例如，根据国家法律规定给予员工的养老保险、医疗保险等待遇，遵守国家、地方有关劳动用工和工资的相关法律法规，体现同工同酬的原则，并符合当地政府对最低工资的规定，避免引发劳动纠纷，尤其对于很多不具备薪酬设计能力的企业，可以将薪酬设计和管理通过业务流程外包（BPO）给专业的共享服务中心或人力资源服务机构。

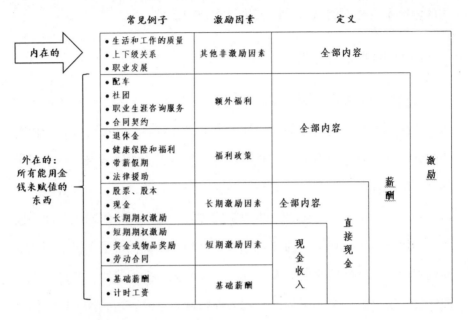

图6-1 各要素如何传达关键成功因素（PSCSF）及目标奖励达成要求①

三、公平性原则

公平性原则是全面薪酬体系设计中最重要，也是最基础的原则。丹尼尔·卡内曼和阿莫斯·特沃斯基教授提出了将心理学研究应用在经济管理学中的前景理论，也叫展望理论（Prospect Theory），从人的心理特质、行为特征等方面揭示了影响员工行为选择的非理性心理因素，即人们通常不是从财富多少的角度考虑问题，而是从输赢的角度去考虑，更加关心自身是获得收益还是损失。中国的孔子也说过："不患寡而患不均，不患贫而患不安"，可见公平会对人的心理和行为产生非常显著的

---

① 资料来源：改编自Todd M. Manas，Workspan（2000年11月/12月），第47页。

影响。因此，在进行全面薪酬体系建设过程中，尤其要注意实施公平性原则。

然而，在企业中员工对于公平性的感知往往是多方面的，他们会对市场行情非常敏感，可能会产生外部不公平的感受，同时也会对企业内部不同岗位的薪酬进行比较，追求内部公平，最终还会考虑到微观个人层面的薪酬公平，所以在进行全面薪酬体系建设过程中一定要对员工不同层面的薪酬公平感加以考量。

（一）外部公平原则

首先，外部公平所处的情境是外部市场，在公司规模发展情况相近的情况下，薪资水平很大程度上影响了劳动者的选择意愿。公司在进行全面薪酬体系设计过程中，往往可以通过薪酬水平保持国内同行业领先来提升对各类人才的吸引力。薪酬的外部竞争性体现在员工将本人的薪酬与同行业所获得的薪酬做比较，这种比较的结果常常会影响到求职者是否选择到某家企业去工作或影响企业中现有员工是否会做出跳槽的决定。所以，薪酬管理者往往需要借助市场薪酬调查来了解对手，通过"知己知彼"来增强自己公司薪酬方案的外部竞争力。其次，在传统的薪酬管理中，如果自身企业无力提供高额的有形薪酬，无法给员工提供有力的福利保障，那么就会在人才竞争中处于劣势，也非常可能导致优秀或核心员工离职。但在全面薪酬体系中，不是只有满足高薪一个因素就可以称为具有竞争力的薪酬体系，要对薪酬的多个方面进行综合考量，发挥人力资源管理的科学性，在不同方面进行有形薪酬和无形薪酬设计，综合提升企业全面薪酬体系的竞争力。

此外，对于企业薪酬的外部公平设计也可以根据岗位的不同需求来分别设计，根据各层次岗位人员的流动成本，实行不同的薪酬水平政策。例如，对 A 类员工薪酬水平高于市场高位值，保持较强的吸引力；对 B 类员工的薪酬水平不低于市场高位值，以保持较强的稳定性；对 C 类员工的薪酬水平根据绩效及市场供给情况围绕市场价位上下浮动，可保持一定的灵活性。

（二）内部公平原则

员工对企业薪酬体系以及管理过程的公平性和公正性的看法决定着薪酬体系改革是否成功。如果一家公司目前的薪酬体系存在不公平或没有内部一致性，就会严重影响员工的工作积极性。因此，在全面薪酬体系的重新设计过程中尤其要重视保证公司薪酬体系的内部公平性。内部公平是指支付给员工的薪酬在公司内部要准确地反映员工之间的相对劳动价值差别。实现内部公平，要以职位分析、岗位测评为基础，根据职位要素的分析评价，合理确定各职位之间的相对价值，从而确定相应的薪酬。例如，办公室内部的行政助理会拿自己的薪资与生产部门、设计部门的助理级员工进行对比，如果他认为自己比其他职位的员工薪酬低，他会感到不公平。只有员工认为他的表现、技能等与薪酬相符的时候，才能感到满足，也只有这样，才能激发员工的进取心。需要注意的是，公平原则并不是平均原则，不可以为了所谓的公平，而让所有员工都享受相同的薪酬、待遇。这样的平均不能体现公平的原则，反而是与公平原则背道而驰。

为了保证公司薪酬的内部公平性，薪酬方案设计将充分考虑以下两点：

（1）科学的职位分析和职位评价，以充分体现公司知识型员工各职位的相对价值。由于公司内部不同岗位员工对公司的贡献程度不同，导致不同员工之间的相对价值不同。因此，相对价值不同的各岗位员工理应得到不同的薪酬回报。为了体现公司不同岗位员工的相对价值，应对各岗位进行评估，并根据评估结果对公司的所有岗位进行薪酬的等级划分。

（2）员工的薪酬要体现"利益共享、风险共担"理念。在很多企业大家职级相同、工作内容相仿，但是一个员工不管多么努力也只能拿到和其他人相近的薪酬，长期不公平感的积累也会逐渐使努力工作的员工丧失积极性。因此，企业的全面薪酬体系设计要以创新行为和结果为导向，使员工所接受的薪酬福利体系与创新绩效管理体系有机统一，鼓励员工在实现创新目标的同时，能得到具有激励性的薪酬，建立员工与企业利益共同体。

（三）人际公平原则

人际公平是指支付给员工的薪酬要准确地反映员工的个人创新能力和业绩表现。若要实现人际公平，科学的绩效评估体系是前提。通过绩效评估，对个人的创新能力和业绩表现进行科学评价，并与薪酬紧密挂钩，能有效地满足个人公平感，激发员工的进取心。以薪酬作为创新绩效管理的调节杠杆，引导员工不断开展创新活动，提升创新能力。个人公平是针对员工本人来讲的，员工在领取薪酬、享受待遇的同时，必然会考虑到与他自身的付出和自身的职位是否相符合。

四、激励性原则

一套良好的全面薪酬体系，对于促进员工的工作积极性、提升对企

业的认同感和归属感有重要的作用。平均主义的薪酬体系，只会让企业
员工更趋向于随大流，仅为了完成工作、获得报酬而劳动。以员工创新
为导向的全面薪酬体系激励原则主要体现在三个方面：首先，能够激发
员工的创新热情和主观能动性；其次，能够进一步挖掘员工的创新潜
能；最后，能够促进员工的创新行为。发挥好全面薪酬体系的激励作
用，能够帮助企业形成正确的、积极的工作导向和文化氛围。科学、合
理的薪酬管理体系，将最大限度地调动员工的工作积极性，进而能够更
好地为企业创新产出。

　　对企业来说，通过薪酬来激励员工创新的主动性和积极性是最常见
和最有效的方法，一套科学合理的全面薪酬体系对员工的激励是最持久
也是最根本的。对公司薪酬体系的重新设计要更加注重薪酬对员工的激
励性，如加大创新绩效薪酬的比例，运用无形薪酬激励员工，使其不仅
得到物质上的满足，更能得到精神上的满足，充分体现了员工与公司的
双赢原则，即员工为公司创造价值，公司也为员工提供有竞争力的薪酬
并帮助员工实现个人目标。

　　建立一种创新为导向的员工全面薪酬激励机制，既包括直接的有形
薪酬，也包括非经济的无形薪酬，引导员工紧密围绕企业创新战略目
标、市场需要和价值创造来持续改进技能，提升创新绩效。其中有形薪
酬是指物质薪酬，公司需要根据自身的特点，结合同类型公司的薪酬水
平，进行科学设计，建立"职位薪酬+创新绩效薪酬+公共福利+个性化
薪酬"的薪酬管理体系，构成一个有自身特色、具有吸引力的薪酬体
系。对于不同岗位不同层次的员工，还应注意使员工的职业生涯与对应
的激励措施相结合，使员工可以在技术创新方向和管理创新方向之间进
行选择，以满足他们的不同需求。而非经济薪酬主要表现为无形薪酬，

是提高公司管理水平的重要环节，是提高员工满意度的重要因素。公司把工作再设计、工作家庭平衡、荣誉、培训及学习机会等内容在制度上予以明确，建立非经济性薪酬激励机制，以创新为导引，开发员工的创新能力和行为，使公司和员工在良好的环境中实现双赢。

五、平衡性原则

全面薪酬体系相对于传统的薪酬体系，最突出的特点就是除了直接薪酬，额外增加了一些间接薪酬和非货币性薪酬。

（1）有形薪酬，也就是经济性薪酬，是一种物质性的薪酬。公司要根据自身的运营情况，参考同行业公司、同类型公司、同地区公司的薪酬体系，科学地设计出一套包括岗位工资、绩效薪酬和年终奖金在内的经济性薪酬。直接薪酬往往是以货币的形式体现的，其主要目的是能够满足员工在物质需要等较低层面的需求。

（2）无形薪酬，除了经济性薪酬形式之外，公司更要注重荣誉、学习机会等非经济性薪酬的制定和使用。公司对这种非经济性薪酬的重视，也是公司在管理水平上具有进步意义的重要标志，更是提高员工满意度的重要手段。公司可以为员工设计一些如保险缴纳、假期规定、工作环境改造、培训机会、学习机会和晋升途径等内容，将其加进薪酬体系当中；还可以从精神层面上对员工提供进一步的关怀，包括改善职场的氛围，强化企业文化的发展等。这样才能真正做到以人为本，从另外一个角度对员工进行适当激励，增加员工对企业的归属感，提高产出的效率和员工创新意愿。

六、经济性原则

进行全面薪酬方案的设计要做好薪酬成本的总体预算，充分考虑公司的成本支付能力，将人力成本控制在一个合理范围内，确保公司薪酬总成本的合理性。

在实施过程中，需要对不同的岗位进行差异化的设计，例如，对待赋予公司核心竞争力的研发部门，可以赋予较高的岗位价值系数，从而匹配较高的薪酬总额，而对于一些产出无法进行量化的支持型部门，就可以采取相对较低的薪酬额度，或者将这些业务外包出去。很多大型企业都开始着手进行人力成本的优化工作，有些进行了更加科学的薪酬体系设计，而有些则开始向内包（建立全资子公司）或外包的新型用工模式转变，进一步降低了用工成本，保证了核心部门的薪酬预算，也获得了更加专业实惠的后台支持服务。

一个科学的、以创新为导向的全面薪酬体系，不是一味地加码人力成本，而是利用资本优势建立创新优势。在市场环境尤为复杂的今天，过多的人力成本投入不仅给企业的转型和升级增添了许多负担，而且也会降低员工的创新动机。只有进行科学的组织管理，通过优化人力成本结构，提升人力成本投资效益，增强薪酬支付的多样性、针对性和有效性，才能做到既能激励员工创新的积极性，又能合理控制成本，实现公司经济效益的增长。此外，公司还可以建立以人事费用率、人力成本占总成本比重为主要监控指标的人力成本预警、预测机制，使薪酬总额的确定与人力成本的控制紧密联系，有效控制人力成本增长，使公司保持对竞争对手的相对优势。

表6-1 薪酬设计原则汇总表

薪酬设计原则	内容
战略性原则	结合战略目标、愿景、价值观和市场环境
认可性原则	内部认可原则，外部认可原则

续表

薪酬设计原则	内容
公平性原则	外部公平原则，内部公平原则，人际公平原则
激励性原则	直接经济薪酬，间接经济薪酬，无形薪酬
平衡性原则	兼顾有形薪酬与无形薪酬
经济性原则	考虑成本支付能力，优化人工成本结构

第二节　全面薪酬体系设计的步骤

一、分析和评估

（一）确定全面薪酬体系设计过程中的主体

全面薪酬体系是全面薪酬战略的重要组成部分，而全面薪酬战略是组织内诸多战略变革中的一个。战略不仅仅是一句口号，它是一个组织为了达成既定目标，指导资源分配的多个计划的集合，战略往往会被经常性地评估、调整和修订，用来保证符合不断变化的业务需求。全面薪酬战略并非一成不变，也需要随着业务状态和市场环境的变化而变化，因而全面薪酬战略需要处在不同职级和岗位上的利益相关者共同管理、执行和修订，需要建立一系列持续审查和改进的管理系统。

很多较为成熟的企业都建立了全面薪酬体系，他们往往通过员工会议和访谈的形式，研究如何保持各种有形薪酬和无形薪酬对员工的新鲜感和激励效应，并且将这一促进薪酬体系优化迭代的职责赋予到全体员工的身上。然而，受限于管理技巧和运营成本，大多数企业只将薪酬体系的建设责任聚焦于少数的员工和特定的专家顾问，导致其所制定的薪酬战略难以起到持续性的激励作用。

将全面薪酬体系建设的主体扩散到全体员工的关键在于两个方面：首先，传统的薪酬体系之所以激励效果不显著，很大原因在于没有足够的员工参与，或者员工对发布的新政策根本不感兴趣。因此，若想保证全面薪酬体系能够发挥预期的激励效果，就需要争取到更为广泛的支持和更丰富的资源，这样才能产出更为有效和全面的奖励策略。其次，需要保障不同的员工能够在整个薪酬设计流程中担任三个关键角色，分别是流程拥护者、流程所有者和流程促进者，并且能够拥有相关权力，担起相应责任。

全面薪酬体系的建设必然会导致企业内部利益的再分配，从而会触及各个层级员工的利益。因此，必须让拥有足够权力和能力的高级管理者担任改革过程中的重要职位，同时这些高级管理者还需要监督整个项目的开展和落实，并且站在战略高度及时调整改革的方向。此外，由于全面薪酬体系的建设会增加企业的整体负担，且短期内不一定能有所回报，所以必须由高层管理者牵头担任流程的决策者，做出改革的决定并且打消其他人的疑虑，高层管理者也将直接参与到改革流程中去，领导并组建全面薪酬体系建设项目组。而流程的促进者往往是企业人力资源部门或者是专业的薪酬福利服务部门，很多企业在进行全面薪酬体系设计时都将自身的薪酬体系外包给专业的咨询机构来进行。虽然全面薪酬体系的搭建不是一个日常的人力资源管理行为，但是也需要专业的 HR进行推动，包括对各个成员的角色进行评定和责任划分，充分考虑各方的特点来组建项目团队，并且担负着绝大多数的执行和监管任务。对改革过程中不同的角色进行划分之后，需要共同对本次改革的范围和程度进行统一的商讨和确定。

（二）确定解决目标

用较为简短的语言简明扼要地说明本次全面薪酬体系设计的原因和期待达成的目标，一般由两部分组成。一部分，往往是用来清楚地解释启动全面薪酬体系改革的原因，是一份全面薪酬体系建设动因性的声明，例如，"某某企业启动这项全面薪酬改革是因为从其之前的激励计划中没有获得预期的投资回报"，或者大多数企业选择进行薪酬体系改革仅仅是因为"该企业在过去的数个财年中都没有更新过自身的薪酬体系"。这种解释性的声明是为了向企业内部和外部传达出一个信号，说明进行全面薪酬体系设计的目的和原因，解释为什么现在有必要进行这个项目，并且使这次全面薪酬体系设计的所有利益相关者都能够了解为何会投入如此多的资源，以及要解决一个什么样的问题。另一部分，往往是体现出本次改革的方向或导向，即提出本次改革的预期目标，例如，"希望能够增强员工对企业的归属感，提升幸福感"，或是更加直接地表达出"希望能够通过对薪酬体系的改革，使全面薪酬战略更好地激励员工，促进员工创新，优化经营状态"。

（三）确定改革项目的范围

在确定了参与人群和拟要解决的纲领性目标之后，需要确定本次改革进行的程度，因为并不是每次全面薪酬改革都需要将整个企业的薪酬体系彻底重新设计和更换，更多的情况仅仅是针对若干个方面进行循序渐进的多次变革。因为，对某个本身运营状况略有瑕疵的激励政策进行临时性调整和对整个薪酬体系进行彻底重新设计和更换所需的人力物力和时间成本肯定是不同的。一般情况下，建设一个全新的全面薪酬方案需要六周至六个月时间，并且需要八至十二人的核心团队。若是管理者想要寻求更加快速且简单的功能性调整，可以利用召开研讨会、组建临时性专家小组或是开展激励政策研判等方式，在更短的时间内，利用更少的资源完成单个功能的调整。

（四）确定预期成本和收益

在启动项目之前，需要梳理全面薪酬体系改革需要的资源，并测算企业需要为这项改革投入的成本。在测算成本的过程中，有两项主要因素需要考虑：首先，需要对目前全面薪酬体系的投入进行归集，通过薪酬调查对同行业的薪酬水平进行摸底，确定自身想要在市场中达到一个什么样的竞争力水平，并明确薪酬水平政策；其次，对目前的不足进行调整，测算进行改善所需要的硬成本和软成本，最终得到一个差值，即本次全面薪酬改革可能花费的成本总额。

另外，还需要研究造成现有薪酬体系低效率的原因，以及如何投入才能对其进行改善，从而推动全面薪酬战略目标的顺利达成。需要对以上两个考虑因素与预期的目标和成果进行平衡，最终制定的预算模式应能够满足企业最重要的业务需要。

（五）与预期成果之间的差距分析

进行差距分析是进行全面薪酬体系建设的一个必经过程，它需要在计划的各个时期周期性进行，它可以帮助企业更好地认识目前的薪酬设计现状，更加清晰地审视自身预期得到的薪酬激励效果，并且从宏观层面上了解现有的薪酬模式与预期的全面薪酬体系存在的差距，便于管理者对任务内容进行认识和界定，从而更好地安排时间表或分配工作。

在整个差距盘点的过程中，为了时刻保证薪酬改革计划的有效性，需要对全流程进行确认，并确保整个实施主体统一认知，需要清晰地界定薪酬改革计划中以下各个要素，并认识到其与预期薪酬激励效果之间存在的差距。

（1）名称。要明确此次薪酬改革行为的名称是什么？是否有明确的宣传语或口号？

（2）类型。确定改革计划的内容（例如，是对基本工资、短期激励、长期激励还是无形薪酬进行改革）。

（3）受众。列出有资格从本次改革中受益的所有员工群体。

（4）历史支出。在全面薪酬体系中，是如何向员工支付奖励的？如果一项薪酬激励计划运行一段时间后，能够追溯其三到五年的具体数据，或是能够拿到在行业内一个商业周期的数据，就可以将其支出与整体企业的绩效增幅进行对比，并设计出在本次改革中预期达到的百分比数，从而验证此次改革的有效性。如果有资源，也可以通过与相同类型企业同种薪酬改革进行对比，判断其是否存在先进性和有效性。

（5）计划成本。测算本次改革会给企业带来什么样的成本？需要考虑员工工资的涨幅和管理费用，重新设计的成本应该与公司预期的营业额增长值进行对比，从而评估改革的有效性。

（6）效力。以1到5的等级，对每次提出的行为和计划实现其目标的能力进行主观评估。明确在多大程度上不同的计划实现了激励员工创新的目标？该计划是否传递了它旨在的信息？

（7）计划投资回报（ROPI）。通过集思广益，列出从本次改革中获得的所有好处。计算产生直接收益的财务影响；对于那些不产生直接收益的影响，可以采用其他的指标进行量化。除了可以引导员工创新外，全面薪酬改革还经常产生以下优势：提高对业务目标的认识、提高员工士气和客户满意度、提升营业额。虽然，其中每一个优势都可以量化成改革成果，但仍不能全面表达出财务影响。要确定 ROPI，需要将每个与计划相关的成本与获得的财务收益进行比较。如果财务收益超过成本，则 ROPI 为正，非财务收益代表额外收益；当财务收益小于成本时，ROPI 为负数，设计者需要对每个时期进行评估，从而判断非财务收益是否超过成本。

（8）周期性检验。因为差距回顾需要周期性开展才能发挥其作用，所以在改革一开始应确定每次检查的时间节点，每次检查后也应记下该次审核的日期。

差距分析是更有效地确定清单中每项指标达到预期效果程度的必要手段。在每个差距分析的时间节点上，都需对上一个时间段内改革措施的原因和具体措施进行复盘，与目标成果进行对照，从而及时发现问题，并对整体的计划进行调整，使其更加符合当前时间点下企业创新发展的需要。

二、改革的事前准备

（一）确定此次薪酬改革的目标

在开展本次改革时，发起者需要想清楚：企业试图实现的预期结果是什么？为了达成预期目标在项目过程中需要实施哪些举措？以及企业将从中获得什么收益？只有在事前弄清楚三到五个具体目标，整个工作的进程才会比较清晰。例如，在进行以员工创新为导向的全面薪酬改革时，企业管理者可能确定的目标有：评估全面薪酬体系中奖励计划设计的竞争机制，并酌情对其进行重新设计，以符合企业的创新战略目标；将所设计的全面薪酬体系中的激励体系与企业试图达到的创新战略目标之间通过各种形式的奖励建立起积极地联系。

让员工参与到整个全面薪酬建设的过程中去，并结合具体的创新场景使员工了解不同的创新行为如何影响他们的奖励结果。使全面薪酬体系中的要素存在竞争性奖励，并且企业应了解在什么时间以何种方式向员工提供更具效用的奖励。

(二) 对现有流程的诊断

首先，需要确定在现有薪酬体系下存在的主要问题和结合公司创新战略确定的本次改革的目标，并且发现在目前的体系下最急需采用的具体激励形式和最应接受改善的业务运营内容，这是前期必须进行的准备工作内容。一般对于问题的描述需要说明确切的情况，例如，"某企业主要是以两种形式向员工提供现金奖励，包括绩效薪资和年度奖金。但是，多年来的积累导致员工之间绩效考核的差异已经缩小到近乎为零的程度，也就是无论员工的表现如何都会给予员工薪酬奖励，员工创新行为没有针对性的奖励。"而对应设置的改革基本目标就应该是："在新的薪酬体系下，绩效奖金并不会平均分配，而是以创新为导向，多劳多得，优劳优酬，个人的利益目标应与企业的激励目标相符合。"

(三) 项目的时间跨度

需要在项目实施前，考虑到所预定目标的重要性，所面临问题的严重性和预期的影响等因素，发起者应确定项目大致的时间跨度，从而引导项目执行者以怎样的效率来完成工作，并制订详细的时间表，以确保每项流程都按计划进行。并且，企业为全面薪酬体系建设过程中投入的资源都是相对有限的，这就要求管理者在项目工作的完整性、全面性与完成时间和速度之间达成平衡，也要求不同部门的参与者对项目工作的周期和出现问题后的调整周期进行预测和设计。

一般情况下，全面薪酬体系建设项目的交付日期都会赶在新的财报结果统计之前或是董事会会议召开之前，从而能够使利益相关者了解到改革的进度和计划实施的有效性。

（四）确定参与改革的人群

确定参与全面薪酬体系改革的人群，是整个流程的关键因素。在改革过程中需要不同职级和部门的员工担任不同的角色，进而对优化流程提出有益的意见和指导，也能显著提高改革效率。一般情况下，进行全面薪酬改革需要以下群体的参与：

（1）高管。可以协助制定战略、明确改革目标、批准新的计划，并且往往能够推动各部门共同执行相关决策。他们通常在执行委员会或指导委员会任职。

（2）中层主管。可以为全面薪酬体系设计过程提供专业知识，并带领设计团队了解各业务创新特征，他们一般担任指导委员会成员，或参与设计团队本身。

（3）雇员。可以作为设计团队成员提供直接意见。

（4）顾问。提供全面薪酬体系的相关知识，为整个流程赋能，使企业的薪酬体系更具竞争力和创新导向，作为外部专家进行协助或提供监督的外部视角。

（5）供应商、客户或其他利益相关者。他们的作用是提供外部视角。

三、团队及计划管理

（一）全面薪酬体系设计团队的组成

在前期准备完成之后，就需要开始对全面薪酬体系的设计团队进行组建。在全面薪酬管理的过程中团队建设应该自上而下。首先，应该建立项目的执行委员会，提供高层指导意见和最终的审批权，一般需要两到三名高管参与到执行委员会中，利用自身的影响力和掌握的资源促使其他员工积极参与到整个项目过程中。

其次，应设置与执行委员会平级的指导委员会，主要职责是向执行委员会提供建议，对于项目建设流程的整体环节给出明确的指导方针。针对具体环节也需要尽到监管和审查的职责，一般指导委员会应包含三到五名高级管理者。

最后，设计团队组建一般会招揽专业的薪酬设计专家、本公司的人力资源部门员工和各个部门的业务工作者。

许多观念比较传统的管理者经常会感到疑惑："为什么要让如此多的基层员工参与到全面薪酬体系的设计过程中来？"答案是显而易见的，如果管理者想知道哪些因素可以激励你的员工，那么最直接的方式就是去问问处于业务流程中的员工，因为全面薪酬体系的最终目的是激励这些员工的创新积极性。让员工广泛地参与到薪酬体系设计的过程中，才能更加有效地加强员工和企业之间的联系，体现企业对员工的重视，全面薪酬体系的创新激励效果也能促进员工对企业愿景、价值观和组织承诺的进一步认可。当然，除了让员工直接参与到设计过程中，还存在其他方法来获取员工的意见和想法，但是员工对于参与和被重视程度的感知，可能会影响到他们表达内容的深浅，所以员工的参与程度是全面薪酬管理者需要仔细考虑的问题。总而言之，一个有效的全面薪酬体系要求以上三个团队共同发力，共同面对需要解决的问题。

一般企业的管理者不希望员工参与到设计流程中来，是因为他们觉得员工会想方设法使最后的薪资方案对员工自身有利，例如，会给自己的岗位提高薪资水平，增加奖金和福利等。但是，如果让员工参与到流程中，并且接触到有关自身薪酬体系的信息，可以帮助管理者控制全体员工的期望，因为参与到流程的员工肯定会将改革的有关信息传递给其他同事。此外，了解并接受员工的想法，是进行全面薪酬创新改革的首要环节，在整个设计过程中，管理者和相关负责人能够与员工进行更多的交流，许多员工也有了向企业高层直接表达真实想法的机会。因此，在全面薪酬战略执行过程中，员工会更加理解公司的战略，更加致力于实现公司的目标。在全面薪酬体系设计的过程中，员工还能提供许多的支持和帮助，能够在战略讨论的过程中给出较为直接的反馈，例如，可以直接和员工交流他们提出的诉求；公司正在采用什么样的措施来解决；或者因为怎样的商业战略考量，暂时还不能满足他们提出的要求等。

员工也是企业利益的直接相关者，需要评估本项目对不同员工群体的影响来决定他们参与到本次改革中的程度，从而制定具体的参与策略和沟通要求。在进行全面薪酬体系设计参与员工的筛选过程中，要兼顾到不同职级、不同岗位和不同部门的群体，以确保收集的信息足够全面，使得最终的薪酬体系能够对尽可能多的员工产生激励效果。

一般来说，在组建全面薪酬体系设计团队时需要兼顾到以下几个群体：

（1）员工。需要包括组织内的每个纵向和横向的职能岗位，覆盖到所有的业务单元，同时也需要考虑到员工的人口统计学特征和地理位置分布情况。

（2）外部利益相关者。在构建团队时也需要考虑到客户、供应商、市场监管部门是否派出代表。

（3）业务专家。需要让人力资源、财务、运营、法律、市场和销售等不同业务的专家参与到制定薪酬体系的团队中来。

（4）如果公司内部有员工加入了工会，或者建立了党支部，还需要让这些组织的代表加入设计团队中，以保障他们成员的权益。并且在团队中聘请法律顾问，确保整个项目的实施合法合规。

设计团队需要在指导委员会指导下和执行委员会管理下执行全面薪酬战略，因开展彻底的全面薪酬改革涉及面非常广泛，通常还需要下设多个小组来执行不同程序和模块，工作任务量也是非常巨大的，因此根据业务进行分工是非常必要的。每个设计小组内都有对应部分的业务专家，并由他们提供业务知识方面的帮助，这些业务专家往往拥有着每条业务线操作流程的详细知识，能够给对应的薪酬体系设计提供帮助，避免设计出的计划浮于表面，无法解决员工在实际工作中遇到的难题，同时为了避免对时间和资源造成浪费，一定要在一开始就征集员工的意见，而不是在制定完战略后再公示。

虽然，一般员工可能并不具备开展薪酬体系建设的相关知识，但他们是企业薪酬系统的受益者，并且真真切切地为企业工作、创造价值，并且对于内部的薪酬系统有着自己的不同感受。因此，让员工加入全面薪酬设计团队是十分必要的，只需对他们展开一系列培训，介绍所需的技术背景，以使他们在制订计划过程中掌握提出正确问题的知识，这就需要公司的培训部门提供相关的课程。

在整个全面薪酬设计过程中对于专业顾问的角色也有不同的界定，例如外部观测者、知识提供者、流程协调者和业务协助者等，在整个全面薪酬设计过程中，专家可能会担任这些角色中的一个或是多个，但是用于聘请专家的费用一般是有限的，所以如何对外部专家进行定位也需要管理者根据实际情况进行决断，对于外部专家的不同角色解释如下：

（1）外部观测者。企业内部员工在进行薪酬设计的过程中不可避免地会出现主观的想法，会影响到实际薪酬体系的设计效果，例如，内部员工在设计某些模块或激励措施时，会夸大它的效果或忽略它的缺陷，这个时候就需要与企业没有利益关系的顾问担任"外部观测者"角色来对这项计划提出疑问，从而降低企业可能遭受的风险或负担。

（2）知识提供者。与企业内部员工相比，外部专家往往因为其工作性质能够接触到更多不同的薪酬体系设计工作。因此，在外部专家担任"知识提供者"角色时，能够利用自身的经验来优化企业在设计过程中的诸多需求，并且通过解决一些内部无法解决的难题来体现自身价值。

（3）流程协调者。外部顾问往往通过临时聘用形式参与到薪酬体系的设计工作中，所以他们往往拥有更多的时间和更强的自主意识来协调整个团队工作，并且其劳动报酬与项目执行得好坏直接挂钩，所以他们也会尽其所能地保证全面薪酬设计团队的工作状态。

（4）业务协助者。现代企业的组织结构往往追求精简，希望去除多余的经营成本，企业中可能没有足够的人力资源人才开展全面薪酬体系建设，但这并不意味着企业的薪酬体系不完善，通常企业在五年及以上的周期开展一次薪酬设计活动。所以，作为业务协助者的外部专家，基本属于临时聘请的一种员工类型。

（二）项目计划管理

在项目计划管理的过程中，可以引入"5W2H"的方法来辅助设计团队进行项目初期的决策和规划，5W2H 即"Why–What–Where–When–Who–How–How Much"。这种方法被广泛地运用到项目规划工作中，能够帮助设计团队清晰地破解整个流程，并且能够发现一些容易遗漏的细节问题。

（1）设计目标（Why）。为了确保参与到全面薪酬设计中的相关人员和受到新的薪酬体系影响的全体员工能够了解到全面薪酬设计项目的目的和意义，企业需要设计团队中的各方力量来定义出本次改革的目标是什么，从而确保项目开展的方向。例如，以员工创新为导向的全面薪酬体系设计，其改革的目标就是为了激发员工的创新积极性，引导员工创新行为和提升创新绩效。

（2）可交付成果（What）。在开始全面薪酬设计之初，就应该明确指出本次改革应交付出怎样的成果，从而使利益相关各方都能调整自身的期望。提前确定交付成果，便于量化全面薪酬设计过程中的各项任务，如果企业高管对于进程的监控需要提供一些数据展示内容，提前确定好的周期性可交付成果就能够直观地对比出目前的工作进程。在确定可交付成果的过程中，需要花费很多的时间和精力，因为这项工作不仅要对总体战略目标进行概括和总结，还要对每个模块进展的深度和广度进行界定，最后得到的可交付成果报告必须是具体的，这样有助于全面薪酬设计执行团队评估在整个流程中对于时间、技术、资金和专业知识技能等资源的最终需求。总之，可交付成果的内容应在全面薪酬设计一开始时就敲定，并且广泛地告知相关员工，这能使员工对最终的改革成果形成大致的期望。

（3）地理因素（Where）。由于部分企业的办公场所可能分布在全市、全国甚至是全球各地，所以在确定本次薪酬改革的地缘性范围时，需要考虑到团队人员的选择也应该在地理上保持公平。由于团队成员可能不在一个工区或者一个城市，这就需要对每次开会的地点进行考量，虽然在信息技术的帮助下可以采用线上会议形式，但为了保证沟通效率，线下会议也是必需的，所以每次会议的形式、地点和团队成员沟通的方式、反馈的模式都需要进行考虑，并确保在后勤上给予足够的支持。

（4）时间（When）。在整个流程开始之前，就应该对全面薪酬设计的周期进行确定，必须保证改革的完成时间是在各方利益相关者可接受范围之内。同时全面薪酬设计团队还需要有符合实际情况的日程表，并按照日程表逐步执行并积极反馈。

（5）受到影响的各群体（Who）。明确受到本次改革影响的各个群体是在全面薪酬设计和计划管理过程中非常重要的。一般来说，除外部利益相关者外，组织中各个层级员工都会受到潜在的影响。尤其是全面薪酬设计团队在进行员工访谈或是全体会议时，就会让员工了解到此次改革的信息和大概进程，这种面临变革的情境很有可能会影响到员工的工作状态，所以有必要在全面薪酬设计过程中与员工积极沟通，纠正他们的预期，尽可能地减少他们受到的影响。另外，企业外部的客户和供应商也会在变革过程中受到影响，并且他们的意见和想法往往也会有一定的价值，所以全面薪酬管理者需要做出抉择，是否要向这些客户和供应商透露此次改革的细节，并聆听他们的建议。

（6）设计方式（How）。本研究提出需要使员工广泛地参与到全面薪酬体系的建设过程中，以及需求收集和提出意见的方式，但是整个薪酬体系设计的过程也是十分灵活的，可以选择在不直接向员工透露本次改革信息的情况下收集到目前组织的运营状况和员工对现行薪酬体系的看法，只要是能够完成目标的各项活动都可以作为进行全面薪酬体系设计的方式，但最重要的是选择的方法应符合公司实际情况。

（7）设计过程（How Much）。随着全面薪酬设计计划管理过程的逐渐完善，各项具体的流程都已经得到了确认，这时就应该在专业人员的辅助下确定本次改革需要付出多少成本和资源，包括人力资源、空间资源、时间成本、物质成本和知识成本等，并与预期的可交付成果进行对比，进而对整体计划进行调整。

四、全面薪酬体系设计的实施

在做好前期准备工作之后，需要将全面薪酬体系建设的每一个方面进行细化分解，形成最小单元的任务指标，将不同的任务指派给相应的群体去完成。并建立完善的责任制度，确保整个实施过程上下标准能够统一，并在整个企业内同步进行。

全面薪酬体系的建设是一个系统性工程，在前期薪酬体系设计过程中，可能存在着一系列问题，诸如对施行全面薪酬体系的内外部环境分析不够彻底、对岗位分析和评价的相关指标要求不够明确和具体、对业绩考核过程中相关指标的有效性和可操作性有待在具体的实践中进行检验。并且，全面薪酬体系作为一项全新的管理模式，它对企业的组织设计、经营模式、管理流程和文化理念都存在着变革的要求，可能会对全体员工的价值观念产生影响。所以，如果整体改革组织工作没有科学地实施，就有可能会造成公司员工人心浮动，影响他们的产出效率和工作积极性，最终影响公司的整体绩效，导致全面薪酬体系的设计和实施面临着失败的风险。根据国内外企业成功的经验，一个组织在进行全面薪酬体系项目的实施过程中，必须依据现有的薪酬管理模式，采取分步分阶段策略实施新的薪酬系统。对于企业内部变革，尤其是牵扯到多方利益的创新行为，首先要选择原有薪酬体系有一定基础的，比如从变动不会太大的固定工资部分开始实施，绩效工资部分与原薪酬体系保持同步试运行，不断发现问题、总结经验、逐步完善、稳步推进，在推进过程中化解疑难问题，最后开始全面推行。个性化薪酬、公共福利、内在薪酬在原有公司制度的基础上，不断地完善和稳步推进，重点解决公司核心员工的长期激励问题。

在实施过程中还应注意让员工广泛地认知到新全面薪酬体系的有效性，不仅对新体系有一个大概的认知，而且要切实意识到自身的利益不仅与个人绩效相关联还与企业的总体绩效相关联，培养员工对企业的归属感，并促使其积极地参与到新薪酬体系的建设过程中来。

五、实时沟通

在建设全面薪酬体系的过程中，实时沟通与反馈是确保改革效率和效果的重要手段。设计团队需要在全面薪酬设计一开始时就设计出完整的沟通规则，如设计团队需要和哪些人群沟通、传达什么内容、达成何种目标、何时以什么频率沟通、使用什么样的沟通工具或手段等。

　　首先，全面薪酬设计的实施主体需要对沟通群体进行细分，并确定采用不同的交流方式与不同的群体进行沟通，因设计团队在进行全面薪酬体系建设的过程中涉及不同单元的策略设计和实施，会牵涉到总体薪酬策略的制定，虽然要求员工广泛地参与到薪酬体系的建设过程中，但也不能将全部信息透露给所有的员工，也需要注重商业机密的保护。

　　其次，管理者需要召开培训会议或是员工讨论会，与员工共同分析组织的竞争状况、现阶段的商业目标和配套的计划，并向他们说明选择现阶段战略和计划背后的原因和逻辑，解释现阶段各个措施和方法对达到预期目标的促进作用，并将员工作为受益主体置于整个体系之中，将每项具体措施和决策与员工本身的利益联系起来，使其了解到全面薪酬体系对他们的意义，更好地发挥新型薪酬体系的促进作用。

　　最后，需要对沟通形式和时间因素进行设计，很多公司都采用了自研的通信系统，如飞书、KIM 和企业微信等，但也需要结合更具沟通效率的线下会议形式。对于不同的沟通方式，设计团队都应该建立一定的沟通规则，如在信息发送时应该包含哪些内容？不同类型的信息需要传达给哪些部门？是否需要抄送给领导或者客户？并且在沟通的时间节点上也应进行确定，如是否应该每周例会确保信息的时效性？或者在每个步骤执行后是否需要及时总结和复盘等，这些都是在进行沟通的时间因素上需要考虑的问题。

六、评估和修订

（一）周期性成果评估

在确定了具体的全面薪酬设计计划时间表之后，需要按照规定的时间进行周期性评估和修订，评估的内容包括每项计划的完成程度并根据现状进行调整，如果发现目前的实际进度与计划进度存在差异，那么就需要修订当前的执行方针，如采取不同方法、增加或改变实施主体以匹配实现目标所需的能力等。周期性的成果评估主要目的在于了解全面薪酬设计的实施进度，检查是否偏离了原有方向并进行修正。

（二）通过员工评估实施情况

员工既是进行全面薪酬改革的参与主体，也是获取阶段性评估成果的重要来源，员工既在改革的过程中发表自己意见、提出不同维度的实际问题，又是整个薪酬体系的受用者。随着改革的不断进行，员工也会产生对新体系的感受，正是这些直接感受对当前进度和效果的评估具有重要作用。

全面薪酬设计团队可以直接向计划辐射的员工询问新系统的实施情况。通过之前的员工会议和培训，这些员工已经对全面薪酬实施的预期目标有了一定的认识，于是可以直接询问全面薪酬改革的实施对他们产生了什么样的影响，以及他们的全面薪酬是否发生了变化，为了保证这种访谈的真实性和有效性，需要通过一些专业的访谈技术，从而识别和解决出现脱节的步骤，能够及时准确地优化改革流程，使全面薪酬体系发挥更大的作用。因此，可以组建一个从员工处获取信息的专业团队，来取得更好的沟通效果。

除了从基层员工的感受中获取评估信息，还可以通过业务负责人和部门主管获得全面薪酬实施的情况和进展。由于在改革过程中，这些管理者首先了解计划，并深知该如何在自己负责的部门内实行，所以定期收集他们的意见更有利于从宏观层面上获取计划实施的概况。

（三）及时调整并积极沟通

为了使沟通的效果能够更好地对计划起到优化作用，应该周期性地组织指导委员会和设计团队共同分析当前收集到的沟通信息，可以使用之前讲述过的差距分析方法，来评估当前的计划实施进度与既定目标之间的差距，并提出修正建议。或者在业务变动的情况下，应该对现行的战略制定和执行进行更改，从而适应新的市场环境。

在对获得的沟通信息进行评估并做出决定后，就需要把新制定的决策向利益相关者进行传达。可以通过举行周期性内部会议，或是通过持续的同步信息进行传达，在传达过程中不仅需要说明新的决策发生了什么样的变化，还需要向员工说明变化的原因——是因为市场环境、利益相关者发生变化还是施行主体、价值链、业务战略发生了变化。一般情况下，很少有员工会有机会了解到这些变化带来的影响，就算员工希望获取这些战略层面上发生的改变，但许多企业管理者并不认为分享这些信息是有必要的。

对组织文化和员工绩效的相关性研究表明，员工取得高绩效的高相关性因素是企业管理者的管理信誉，如果管理者具有"契约精神"，也就是能做到向员工承诺言行一致，就能够激发起员工的工作积极性，实现更高的工作产出。因此，管理层应该积极地参与到沟通过程中，通过与员工的沟通使其认识到初期的承诺正在逐步实现，这和激励政策本身一样能够对员工产生激励作用。

企业应该由最高层管理者负责全面薪酬体系的修订工作，需要通过项目组成员递交给他们的报告，了解评估的结果和对应的修改意见，决定是否需要进行战略目标或是具体计划的修改。首席执行官必须了解和掌控全面薪酬管理的全过程，而不能将其委托给人力资源主管或分管薪酬的领导，必须将其视为自己的主要任务。无数的改革实践案例证明，尤其是失败的案例，高层管理者在改革失败后才发现新型全面薪酬体系所预期达成的效果与他本人的目标并不一致，甚至后知后觉地发现新的全面薪酬体系存在着很多不合理和根本不具有激励性质的部分，由于他没有参与到系统的评估和修订过程中，所以没能及时地发现并改变这些不符合他想法的措施，对企业造成了严重的时间和经济成本上的浪费。因此，一定要在全面薪酬实施过程中积极地向高层管理者汇报，并了解他的期望和想法。

第三节　以员工创新为导向的全面薪酬实践

一、认清全面薪酬体系

全面薪酬战略是一种将公司给予员工的奖励进行物质和精神多层面、多样化设计的一种新型激励手段，实施全面薪酬战略能够更有效地提升员工的工作积极性，进而达到企业确定的预期目标。在这种新型薪酬体系的搭建过程中涉及三个关键因素：首先是彻底地了解企业可以拿出多少资源来进行有竞争力的薪酬改革；其次是确定设计准则；最后是确定本次改革的目标和需要传达的信息。

全面薪酬策略是一种分配奖励资源的计划，以指导企业成功执行其目标。制定和管理此计划涉及三个主要因素：彻底了解组织的所有奖励要素相对于其既定市场竞争目标（金钱）的总价值；战略分配和分配给每个组织的金钱元素（混合）；就公司的价值观和期望（信息）向员工深思熟虑地表达和传达。

（1）投入资源。投入资源是设计流程中最为重要的元素。投入资源的多少直接关联着全面薪酬体系中各项激励措施的体量和程度，如果投入资源的总额越多；设计团队设计的措施越具有激励性，进而在整个行业的竞争过程中更具优势。

（2）设计规则。在进行全面薪酬体系的建设过程中，需要对设计实施的主体、受到新体系辐射影响的客体进行确定，新激励政策的施行方式、施行周期和施行条件都要有详细的设计规则。

（3）传达信息。全面薪酬体系的建设一定是要表达企业想要传递的价值观或者期望，在流程设计的全过程中这些价值观和期望都应该时刻向相关员工传达。在补偿哲学中，顺畅的信息沟通可以使项目的参与者保持一致的工作方向，进而取得更好的工作效果。在全面薪酬体系建设的过程中向员工阐明特定的信息能够使他们专注于工作，并且更有利于实现企业进行改革的预期目标。

二、开展利润分享计划

在全面薪酬体系中最有力的激励模式就是通过利润分享计划赋予员工主人翁意识，根据员工所在岗位的价值、历史贡献和潜在的发展机会等指标，额外给予员工一部分公司利润，构建员工与企业"荣辱与共"的契约关系，从而激发员工的工作积极性，使其为了改善企业的运营现状而积极地参与到企业管理优化中。利润分享计划的重要功能包括：激励员工的工作动机和积极性、降低企业管理的监督成本、增强员工的主人翁意识等。

在利润分享计划的分配过程中，通常需要从三个维度进行把握，即总利润分配、个人利润分配和利润发放形式。

（一）总利润分配

一般确定总利润额度有三种有效方式，分别是：固定比例法、分段比例法和获利界限法。

固定比例法是指将企业在某个周期结束后实际达成的目标情况与预先设定的目标情况进行对比，通过比例值来确定单个周期利润的分享比例。这种方法的特点在于只要企业取得了利润，就可以将固定比例的利润作为员工利润分享计划的总额，这种操作方法较为简单直接，但制定合理的比例值需要综合考虑多种因素，需要管理者进行利弊权衡。

分段比例法是指为利润分享计划设置多个阶段性目标，在不同阶段的目标中确定不同的利润总额提取比例。例如，在某个运营周期内企业的利润总额达到 1 亿元，对应 2% 的共享利润提取比例，当利润总额超过 1 亿元低于 2 亿元时，超过 1 亿元的部分对应着 3% 的共享利润提取比例，而低于 1 亿元的部分还是采用 2% 的提取比例。这种分段式目标激励方法，能够进一步激励员工为实现超额利润目标而努力，企业获得的利润越高，对应的提取比例也就越高，但这种分配方法会造成较高的人工成本。

获利界限法是指预先制定企业目标完成的最低和最高标准，然后将企业实际目标完成情况与其进行对比，只有在公司利润超过事先定好的最低标准并且低于最高标准的时候才进行一定比例的利润分享。这种方式能够有效地保证公司股东收益回报率，合理控制企业人工成本，但需要管理者有娴熟的薪酬理论及实操经验，且整体操作程序较为复杂。

（二）个人利润分配

在确定利润总额后，需要确定对应每个员工个人所能分配的利润额，一般采用三种个人利润的分配方法，分别是：岗位贡献法、个人贡献法和综合确定法。

岗位贡献法是一种系统地测定参与利润分享的岗位在企业整体组织结构中创造价值的方法。通过岗位价值测评，管理者可以比较清晰地了解到利润分享的岗位在企业中的价值，进而判断出此岗位对企业做出的创新贡献，并决定对其进行利润分享的额度。市场上有很多关于岗位创新价值的评价方法，如六因素法（5W1H）和系统四因素法（知识、技能、态度和外部障碍）等。

个人贡献法是一种系统地测定参与利润分享的个人对企业的历史贡献、未来潜在贡献的方法。通过个人贡献测评，我们可以比较清晰地了解到参与利润分享的个人对企业的创新价值，进而决定其利润分享额度。关于个人贡献的评价方法，目前市场上尚没有明确的、公认的、可供企业借鉴的方法，企业具体操作时可通过建立个人创新贡献评估模型来测定，一般情况下个人创新贡献评估模型会因为企业性质、企业文化等不同有所区分。

综合法是将岗位贡献法与个人贡献法相结合，并根据企业现实情况而赋予不同权重，综合测定员工利润分享额度的一种方法。

（三）利润分享形式

在确定了利润分享总额和个人利润分享额度后，就需要考虑利润分享的形式，一般来说利润分享包括两种形式，现金分享和延期利润分享。

（1）现金分享。现金分享即每隔一定时间，把一定比例的利润分享额直接分配给员工，这种分配方式短期激励性较强，长期激励性较弱。

（2）延期利润分享。企业会采取委托专业机构的形式，将员工实得利润分配额按预定比例将其中一部分存入到员工的个人账户中，但是需要在一定期限后才授权员工对这些利润额进行提现。这种延期的利润支付方式会因企业所有制性质、企业文化等因素导致延期期限有所不同。通常来讲，国有企业可能采取延期到员工退休才分享利润，即一次性补偿给员工的方式，而民企或合资企业则多采取较短的延期期限，并且每年的返还比例可能相同也可能逐年增加比例。与现金分享相反，这种支付方式在长期激励效果方面表现得较好，但短期激励性较弱。

管理者在选择利润分享形式时还应考虑到企业的发展周期，并针对性地设计分享模式。企业的发展周期就像人的生命周期一样，也存在生、老、病、死等情况。具体来讲，典型的企业发展周期包含初创期、成长期、成熟期、衰退期四个阶段，每个阶段有不同的运营特征，所以管理者应该根据企业所处的发展周期确定较为合理的分享方式。

三、巧用有形薪酬，助力员工创新

企业设置的一系列的激励措施是提升员工创造力的重要手段，是企业根据既定的考核标准，对员工工作中投入的额外付出、突出表现和创造的价值予以认可，并进行物质上或精神上的奖励。而有形物质报酬是最为直接的奖励措施，作为外部刺激的一种典型形式，有形物质报酬具有多样化的形式和呈现条件，例如，按照奖励的条件可以将物质报酬分为任务导向型报酬和结果导向型报酬，其中，前者是指对参与任务的行为给予奖励，而后者是必须达到绩效考核目标后给予的奖励。在结果导向型奖励中绩效指标可以分为常规绩效、创新绩效等不同类型，这些绩效类型可能会使员工产生不同的心理变化，对员工的创新行为和绩效结果产生差异性影响。一般来说，针对创新绩效的物质奖励能够有效提升员工的内驱力和创造力，而常规绩效的物质奖励可能对员工的创新性行为无法产生明显的激励作用。

四、无形薪酬套餐化

据统计，大部分员工具有离职意愿或产生离职行为的原因都与三种机会有关，即成长和发展机会、学习新技能机会和满足自我实现需求机会。众多学者在研究中证实，在员工选择离职的众多原因中，薪酬水平仅排到第八位，可见相比于有形薪酬，无形薪酬往往更能对员工的职业行为产生更大影响。在企业中员工都渴望获得创造价值的机会，也希望自己做出的贡献能够得到别人认可和赞赏。企业管理者必须意识到无形薪酬的重要性。在对管理者是否称职的评价过程中，一般会通过两项指标来评判，一是客户满意度，二是员工自然流动率。员工自然流动率低就代表员工对目前企业发展和自身发展都比较认可，进而促进员工的工作积极性和产出效率，由此以来，自然而然地带动了客户满意度。因此，通过无形薪酬激励员工是管理者必须掌握的重要管理手段。

求职者往往无法仅凭借 offer 上的金钱数字来评判一家公司的好坏，有些管理混乱的公司更喜欢使用高薪来吸引人才，管理者只有通过丰富企业自身的全面薪酬体系，才能在人才激励竞争中与竞争对手区分开来，并真正地激发员工的创造力。无数案例证明，仅靠高额薪酬来吸引人才是一种持续性差的病态招聘策略，因为高薪招募来的人才还会因为其他企业开出更高的薪酬而离开。对于员工来说，获得更好的发展计划、拥有更加优越的发展环境、接触最新的技术，能够使自己更好发挥价值的同时，不断提升自身价值。这些因素区别于传统的金钱因素，在求职者对企业的衡量过程中占有更大的比例。

无形薪酬套餐化是企业吸纳人才，长久发展的关键举措。在套餐中包括但不限于保险、公积金、公租房政策、企业贷款政策、节假日团建、办公环境的美化、食堂菜品的供应、体检券、优惠券等各种可提供的员工福利，以及增强员工工作生活幸福感的福利，还包括更丰富的技术培训，更加流畅的运营程序，更加长远明晰的职业发展规划等保障员工职业健康的发展措施。在面试流程中，HR 和业务面试官可以将制定好的无形薪酬套餐给员工进行详细的解释，以吸纳和留住人才。

五、从员工感知入手，为员工创造创新条件

企业尤其需要具有成就导向的员工，这些员工希望出色地完成任务，愿意从事具有挑战性的任务。这些人在工作中有强烈的表现自己能力的愿望，不断地为自己设立更高的标准，努力不懈地追求事业上的进步。组织应该充分尊重员工的成就导向行为，并且引导员工了解哪些行为是组织所需要的，并且使其能够得到组织的认可和奖励。

为了鼓励员工挑战自己，积极创新，企业应该建立一种鼓励员工创新的文化氛围。在这种氛围中，员工会自然地感知到努力工作、学习和知识共享是非常有意义、值得奖励的。在这种氛围建设中，企业管理者并没有将短期的利益得失作为评价员工成就的考核标准，而是着眼于企业持续发展与员工长远发展的双赢视角，鼓励员工致力于学习、掌握和发展新技能，以形成较为完备的知识储备、认知结构和应对挑战性工作

的处置能力，最终为企业的创新发展夯实基础。同时，员工也不会再将工作视为一项必须完成的任务，而是将其视为一种兴趣，这种兴趣会激发员工的内在动力，使员工积极地投入到有难度和挑战性的任务中去，从而有助于员工产生具有突破性的创造力。

第七章　传媒公司全面薪酬的案例分析

第一节　传媒公司全面薪酬概况

为了解决目前媒体行业创新活力低迷的窘境，业界和学界从科学管理的角度出发，积极探索能够激发员工创新活力的措施。在本研究中，已经证明了在全面薪酬体系中，无论是有形薪酬还是无形薪酬都能够对员工的创新行为产生显著的促进作用。所以，要想解决传媒公司员工的创新活力问题，从薪酬角度切入具有较强的实践意义，若想要针对性地对传媒公司的全面薪酬进行设计，就要求我们必须对创新主体——知识型员工有着清晰的认识。知识型员工的学历普遍偏高，多以本科生为主，这类人群往往富有创新意识、追求自主，在生活和工作中都追求个性，乐于尝试和挑战权威。

加拿大知识管理专家弗朗西斯·赫瑞曾在 2000 年出版的《管理知识型员工》一书中，对知识型员工有较为清晰的定义，"知识型员工就是那些创造财富时用脑多于用手的群体，他们通过自己的创意、分析、判断、综合、设计给产品带来附加值，如管理人员、专业技术人员和销售人员等"。可以看出，当时的知识型人才是从事知识生产和传播工作的人，每个时代的知识型人才都有一定的共性和特性，只有随时更新对其的认知，才能因地制宜地制定与之匹配的激励政策，设计出具有效用性和合理性的薪酬体系。通过调研和访谈，现将传媒公司的知识型员工和普通员工进行对比，总结出以下几条特点：

（1）知识广泛或纵深发展。知识型员工所拥有的知识和技能是使他们获得高额报酬最大的资本，同时也是企业软实力的体现。有些员工的知识面很是宽泛，能够在特殊情况下举一反三、随机应变；有些员工则是在特定领域深耕，将自己沉淀成技术专家，因此企业应该非常关注员工的发展，使其能够充分发挥自己的特长。

（2）勇于探索创新。知识型员工对于新鲜事物的好奇心往往不是被动的而是主动积极的，也乐于将自己的新鲜创意运用到实际工作中，从而提升整体效率，为整个团队赋能。

（3）追求生活个性化。知识型员工往往不喜欢被束缚，习惯于随时展示自身个性。因此对企业的文化比较在意，希望企业能够尊重个人的生活习惯，并且知识型员工也非常看重企业工作场所的大环境和小环境。

因为传媒公司尤其是网络与新媒体公司中包含大量的知识型员工，所以管理者在开发人力资源时对完善人力资源管理体系是十分重视的，许多公司在一次次架构调整中将传统的人事管理和人力资源六大模块进行了系统的改革，引入了人力资源三支柱模型，薪酬设计和激励制度等模块也较为先进。作者通过访谈和文献查阅，在全面薪酬的视角下将我国目前传媒公司的薪酬设计现状进行了归纳总结。

一、有形薪酬

根据新浪财经公布的数据，2020 年传媒行业的年平均工资超过了 11 万元，而网络与新媒体行业员工的工资差异较大，如应届毕业生新媒体运营岗工资一般在 5000~13000 元。2020 年，疫情导致很多行业的收入断崖式下降，但传媒行业的员工工资却实现了"逆势上升"，涨幅超过 7%。国家统计局发布的 2020 年平均工资数据显示，我国传统的"铁饭碗"行业、企事业单位就业人员，平均工资只有 97379 元。从宏观层面来看，我国传媒行业继 IT 行业、金融行业之后逐渐展现其有形薪酬支付能力的吸引力，大量的"985""211"毕业生和海外留学生纷纷向传媒公司，尤其是向网络与新媒体公司投递简历。许多"大厂"负责招聘的 HR 一天需要查看 200 份以上的简历，由于对于知识型员工的筛选需要考虑到包括知识和技能等多方面因素，一个候选人走完全部流程至少需要三轮面试。在有形薪酬的设计过程中，各公司都采用了相似的结构，同时也根据自身的企业文化进行了调整，作者将一些在薪酬设计中的突出现象总结如下：

（一）职级薪资

为了辅助 HR 部门对新入职的候选人进行薪资设计，在面试过程中，用人部门和 HRBP 会综合考虑候选人的年龄、经历和面试表现，对其进行职级的评定。职级对应着一个员工职业生涯的不同阶段。以某知名互联网公司的职级为例（见表 7-1），将公司内所有员工分为 P4~P14/M1~M10 双序列职业发展体系，一套体系是专家路线，包括程序员、工程师，这些职位均为某一个专业领域的人才，一共分为 14 级，从 P1 到 P14；一套体系是 M 路线，即管理者路线，从 M1 到 M10，一般员工到达 P6 级别时可以被评估是否适合管理岗，如果条件符合且个人有意愿，那么职级就会从 P6 转移到 M1。每个职级的员工有着不同的薪资和待遇，且有着非常明确的带宽限制，这也能够帮助 SSC 和 HRBP 们在对新员工进行薪资设计时有据可考，不会出现过于严重的工作事故。

表 7-1 某知名互联网公司职级工资表

层级	层级名称	层级	层级名称
		M10	董事长（Chairman）
P14	资深科学家	M9	副董事长（Vice Chairman）
P13	科学家	M8	执行副总裁（EVP）
P12	资深研究员	M7	资深副总裁（Sr. VP）
P11	高级研究员	M6	副总裁（VP）
P10	研究员	M5	资深总监
P9	资深专家	M4	总监
P8	高级专家	M3	资深经理
P7	专家	M2	经理
P6	高级工程师	M1	主管
P5	中级工程师		
P4	初级工程师		

如表 7-2 所示，该公司 P6 级别员工平均年薪已经达到了 40 万，而一般的应届生入职就是 P5 级别，平均 1~3 年就能够晋升到 P6，在该公司中绝大部分员工都属于 P6~P8 级别，这也是整个公司最具有生产力的群体。其他的互联网公司基本上也都会采用职级工资制度，有些会直接照搬该公司的 P 序列，像腾讯（4~17 级）、字节跳动（1—1 至 5—

2)、华为（13~23）、京东（T1~T11/M6）、滴滴（D5~D12）和美团（P1~1 至 P5/M3~2）。而老牌互联网大厂百度则将级别架构分为 4 条线，分别是技术序列 T：T3~T11，主要是研发部门和测试部门，属于骨干部门；产品运营序列 P：P3~P11，主要是产品部门和运营部门；后期支持部门 S：S3~S11，主要是公共、行政和渠道等部门；管理序列 M：M1~M5 的每一级又分两个子级例如 M1A、M1B，其中最低的是 M1A，但最少也是一个二级部门的二把手。各种公司不同的职级序列对应的职级工资也不尽相同，一个具有多年经验的 HR 在得知所面试的员工原有职级时能够做出一个大概的判断，并且根据其面试表现和经历评定出在本公司的职级。

表7-2　各互联网公司职级工资对照表①

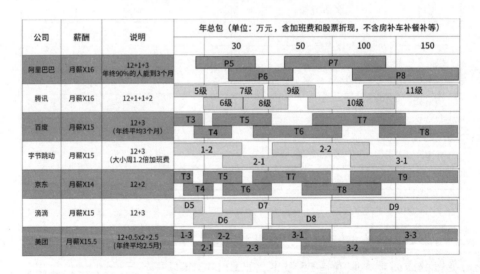

公司	薪酬	说明	年总包（单位：万元，含加班费和股票折现，不含房补车补餐补等）			
			30	50	100	150
阿里巴巴	月薪X16	12+1+3 年终90%的人能到3个月	P5	P5 / P7	P7	
				P6	P6	P8
腾讯	月薪X16	12+1+1+2	5级	7级	9级	11级
			6级	8级	10级	
百度	月薪X15	12+3（年终平均3个月）	T3	T5	T7	
			T4	T6		T8
字节跳动	月薪X15	12+3（大小周1.2倍加班费）	1-2	2-2		
			2-1			3-1
京东	月薪X14	12+2	T3	T5	T7	T9
			T4	T6	T8	
滴滴	月薪X15	12+3	D5	D7		D9
			D6	D8		
美团	月薪X15.5	12+0.5x2+2.5（年终平均2.5月）	1-3	2-2	3-1	3-3
			2-1	2-3	3-2	

相邻级别的职级工资之间是不存在绝对界限的，都会存在着一定的

① 数据来源于知乎。

重合。例如，字节跳动的 1~2 最高能拿到 37 万元，而 2~1 最低只有 33 万元，但是在晋升过程中 2~2 的薪资比 1~2 要高出很多，所以员工也希望在面试过程中定级高一些，以便于在之后的跳槽和晋升过程中都能获得一定的优势。此外，用人部门也会通过比对员工的工作年限和职级对其能力和发展前景进行判断，所以，职级除了在薪资上对员工产生激励效果外，还能吸引员工更加努力晋升，体现自我价值。

（二）年终奖

传媒公司的年终奖可以说是大部分员工一年中最高额度的经济来源。2021 年，中国大陆城市平均年终奖排行榜中，北京市以 22.8 万元位居榜首，因为有大量的传媒公司在北京设立了总部或是大型研究所，尤其是网络与新媒体公司因其巨额的收益和严格的考核制度，能够给员工发放巨额的年终奖。

在传媒公司的招聘信息上，总是可以看到"15 薪""16 薪"甚至是"20 薪"的字样，但其实大部分公司的年终奖并不是固定的，要根据公司全年的 KPI 或部门 KPI 和个人 KPI 综合评判而定，有些绩效好的部门，例如，腾讯的某事业群可能有超过 8 个月的年终奖，而同公司的其他业绩不好的事业群可能最多只有 1~3 个月的年终奖。但是，在签订 offer 时很少会保证真实到手的年终奖基数，往往会出现谈好的总包年薪确实很高，但在 16 薪的基数下，实际到手的每月基本薪资并不高的现象。如果绩效不好，就可能没有年终奖或年终奖数额很低，最终得到的年薪则远远少于入职时商定的数额，这就导致员工们会比较积极地面对各个周期考核，争取为所在公司或部门创造更好业绩的同时，自身也能获得较好的年终评价，从而取得较高的年终奖励。

此外，年终奖并不都是在年末发放，每个公司的年终奖发放时间都有所不同，如腾讯的年终奖会在春节前发放完毕，而字节跳动则会在第二年的 4 月份进行发放，这也限制了员工的离职意愿。因为在年终奖评定前离职就无法获得当年的年终奖，并且入职不满一年也无法获得全额的年终奖，年终奖除了其本身的激励效用，也已经成为限制员工流动，保证公司人员整体稳定的手段之一。

（三）期权股票

对于某些准备在美股或者港股上市的新媒体公司，会在内部成立一个员工持股平台和期权池，对于早期的初创成员或者高级管理人员会直接授予一定的股票，而其他符合条件的员工则会给予一定的期权，股票和期权之间的差别在于股票是免费赠予，而期权则要求一定的行权价格，需要员工在行使期权价值时支付一定的金额，如字节跳动的行权价格是 0.02 美元每股。由于每轮融资时公司的估值不同，期权价格也会有所变化，员工入职进行期权授予时通常会按照最近一轮融资的价格来确定公允价值。虽然期权的总额是确定的，但是想要全部拿完则需要很长时间，如字节跳动想要全部归属完毕需要四年时间，并且对于高级员工来说，期权在薪酬中占据了比较大的比例。所以期权也是保证员工稳定性，刺激员工工作积极性的有效管理手段。

对于上市公司来说，给予员工最多的是 RSU，即受限制股票单位。与入职员工商定的股票具有一个锁定期，每年归属一定的比例。例如：腾讯每年归属总额的 1/3；阿里是满两年可以拿到 50%，第三年和第四年各 25%；拼多多作为给予股票数额最大的公司，也拥有最为严格的归属制度，有三年的锁定期，即前三年什么也拿不到，第四年才能拿到第一个 25%，全部拿完需要 7 年。

在跳槽时，期权和股票也是重新定薪的关键指标。对于股票来说，一般会根据已经归属的数额进行总包年薪计算，而期权在跳槽时则不会太被重视，原因是较员工入职时的公允价值，大多数公司的期权价格都已经腰折，所以很多 HR 在计算期权价值时的基本上会按照很低的比例来压低用人价格。

（四）节日福利

每到端午节、中秋节或是春节，各大厂员工都会在网上晒出自己公司本次节日的福利，往往都是具有本公司产品特色的礼盒，品质和创意都非常不错。在对一些大厂员工进行访问时，大部分员工都对这项福利比较满意，因为将自己所在公司的部分价值转移到了自己的亲人身上，促进了亲人对自己公司的认同，能够深化员工对企业文化的认可。

（五）生活补贴

传媒公司也逐渐关心起员工的生活节奏，围绕员工生活建立起一套生态系统。除了常见的饭补、住房补贴和交通补贴外，某些新媒体公司或者外资传媒公司还对员工的其他需求进行了补助，如每年的体检补贴、旅游基金，还会给家里的孩子和老人设立一定的教育和养老补贴，甚至还设立了孕期补贴和生育基金等。

这些补贴的设计也很巧妙地提高了员工投入公司的精力，如住房补贴要求在公司三公里范围内，就餐补贴也需要在公司加班到一定的时间，晚上免费打车需要在十点之后，其他的补贴大部分也与绩效挂钩，可见传媒公司随时都在思考如何促进员工的产出。

（六）一线/普通

传媒公司为了节约用人成本会将员工分为一线员工和普通员工两种类型。这是一种区别于外包方式的降低人力成本的手段，普通员工一般是总部员工，隶属于技术部门和核心部门，与母公司签订劳动合同，享有全部的福利政策和较高的薪水；而一线员工一般与子公司签订劳动合同，除了基本工资以外的福利会比较少，年终奖的上限也会比较低，包括了大部分的行政、销售、审核和后勤保障人员。

一线员工的招聘标准也比普通员工低，往往通用一套职级系统，在晋升过程中有机会转为普通员工。许多新媒体公司中半数以上都是一线员工，这种与子公司签订劳动合同的方式，可以帮助公司以较低的成本招聘到大量人才，短时间内提升生产力，并且还能够通过在职考核等发现适合公司的人才，从而将其晋升为普通员工。这也给了求职者更多的机会进入到新媒体大厂工作，为了更好的发展和待遇努力争取个人晋升。但是，这种员工类型的分类会导致公司内歧视现象的产生，并且招收的一线员工往往水平参差不齐，也难以达到既定的绩效目标，很多大厂在裁员时也会首先考虑一线员工。

（七）薪资倒挂

最近几年在传媒公司中出现的一种薪资设计乱象，即往往在公司工作时间越长的员工其薪水反而没有应届生高，这是因为每年校招的最高薪资连年创纪录，而老员工每年的薪资涨幅却非常有限，这种现象的出现严重打击了老员工的工作积极性，会导致老员工频繁地跳槽来提升自身的薪水。传媒公司也知道这种薪酬方案的弊端，但为了能吸引到高层次的人才，也不得不每年增长自己的校招价格。

（八）技术/非技术

网络与新媒体公司虽然总以科技公司自居，但是想要支撑起整个产品的生态，除了大量需要具有计算机技术的开发人员外，还需要包括市场营销部门、销售部门、运营部门、人力资源部门、财务部门、战略部门和行政部门在内的非技术人员，而这些人员的工作绩效不好进行量化衡量，不像技术部门有着直接的创新产出，所以非技术员工的薪酬相比之下较低，在整体科技氛围下也容易对其产生隐性歧视。所以，在进行薪酬设计时，更需要考虑如何评价非技术人员的工作成果，妥善地进行绩效激励，使这部分员工也能开展创新，为公司的整体链路赋能。

二、无形薪酬

（一）企业文化

每个公司都希望员工认可自身建立的企业文化，使得员工跟随企业的工作节奏，进而获得更好的效率产出，所以管理者需要结合公司当前的战略目标设定企业文化。例如：阿里文化从创立之初到现在经历了多次变化，最开始引入校园文化，强调"可信、简单、亲切"，彼时的阿里处于初创阶段，希望大家彼此之间的关系像老师和学生之间单纯简单；之后演变成了铁军文化，强调"高执行力、高激励和高乐观"，因为那时的阿里刚转型做电商，形成了以销售为主导的铁军文化；随后又演变成今天流传最广的"六脉神剑"文化，即"客户第一、团队合作、拥抱变化、诚信、激情和敬业"。京东创始人刘强东则倡导推崇兄弟文

147

化，并且希望员工具有"拼搏和激情的 DNA"。字节跳动公司则讲究要有一种鲜明的"字节范儿"，即追求极致、务实敢为、开放谦逊、坦诚清晰、始终创业。这些互联网公司希望新员工能够了解并认同自己的企业文化，能够与企业做到"同频"，不同的企业文化在给员工提供了机会的同时，也能够创造一种激励员工创新的氛围，贴合企业发展实际，能给企业带来更好的收益。

（二）职场环境

职场环境更像是一种看得见的企业文化，很多公司从外表上就能看得出自己企业的文化特征。在北京市海淀区软件园南街和科旺西路交叉口，能够直接看到百度、新浪、网易和腾讯四家互联网大厂的大楼，可以发现不同行业的互联网大楼有着各异的风格。百度和新浪的楼体采用了全玻璃外观，显示了传媒行业整洁大方的风格；腾讯的楼体则是融合了很多设计原理，体现出"高大上"的格调；而网易作为一家游戏公司，整体建筑的设计理念更像是智慧工厂的风格。很多传媒公司的职场随处可见公司的 Logo 和文化元素，会配套有完善的后勤保障人员来支持员工的产出，基本上都会配有大量的探讨间、电话间、公共区域、休息区、员工超市和食堂。年轻化的公司可能还会有健身房、瑜伽室、球场等。员工之间也会有体现公司氛围的称呼，如"同学""老师"等。传媒公司在职场的大环境和小环境上都进行了很多设计，希望在工作以外的其他方面尽可能降低员工的压力，保证员工随时处于一个舒适的工作环境，有更多的精力去从事产出和创新行为。

（三）工牌认同

许多求职者都有一种进行身份认同的需求，在学生时代就会对自己所在的学校具有一定的归属感和自豪感，走入职场后，也会自然地对一些名企感到向往。在北京的地铁上，很容易就会看到一些挂着工牌的员工，工牌本身所承载的意义早已超出了它本身门卡的功能，更多的是一种身份的象征。许多新媒体公司也会在工牌的设计上尽量体现自己的文化和美感，除了人物信息外还有个人的座右铭等内容，还会与公司附近的商家进行合作，凭借工牌能够获得一定的折扣或免费服务，这就进一步提升了员工的荣誉感，对企业产生了认同感和依赖感，从而更有动力和意愿进行创新产出。

（四）晋升机制

传媒行业的高流动率在于其并不清晰的晋升途径，毕竟一个大部门内的高级职位是有限的，且周围的同事往往和自身能力差别不大，这就导致了晋升的压力非常大，并且在传媒行业对年龄敏感性较强的情况下，如果不能在有限的时间内得到晋升，很可能在一段时间内就会被淘汰，进一步使员工选择跳槽来逃避压力。公司的晋级需要述职，往往需要由直接领导、跨级领导和负责 HRBP 人员参加评判，由于进行绩效考核的主要执行人是直接上级，所以导致述职存在一定的操作性，形成了一种讨好直接上级的嫡系文化，这无疑是降低员工工作效率和创新意向的主要原因。因此，建立一套合理的绩效考核机制，规范管理人员的评价标准，对科学地考核员工晋升是非常有益的。

（五）"PUA"

"PUA" 泛指各种通过长期的精神打压，使对方在潜移默化下逐渐失去自我判断能力，无法认清自己，将主动权交由对方掌控，甚至从心理上"服从"于对方的行为。"PUA"也是最近几年在职场兴起的一种畸形的文化氛围，造成了数起危害员工生命安全的恶性事件，但是由于一些公司希望达成对员工的掌控，这种病态的管理方式还是屡禁不止。虽然在一段时期内能提高员工工作效率，但从长期来看对员工在心理上会产生不可逆的损伤。

在一些传媒公司中，"职场PUA"通常是指领导与下属之间，利用话语权及利益决策权进行控制，通过语言打击和否定等心理暗示，让下属产生自我怀疑、丧失自信，并渴望通过加倍的努力得到公司的认同，以达到类似于"精神控制"的目的。因为许多初入职场的员工不具备太多的社会经验，容易由于不自信踏入领导的PUA陷阱中去，但是无论从管理者的品德来讲，还是企业的长远发展来看，都应该杜绝这种恶性的心理行为，应该采用科学的激励手段来促使员工提高工作效率和创新。

第二节 KS公司全面薪酬体系的实践

2021年2月5日，KS公司正式在港交所上市，股票代码为1024，首日即高开193%，截至收盘，报300港元/股，最新总市值约1.23万亿港元，位居港股第八位。而根据此前KS公司向港交所提交的IPO招股书，4551名员工将获得股权激励，人均获11.5万股，按收盘价300港元计算，这些KS公司员工人均身家超3450万港元（约合人民币2878万元），不难看出，随着KS公司上市，互联网又一个造富神话诞生。KS公司不仅仅有股权激励，被称为"员工来了就不想走"的内部薪酬体系也值得借鉴。

上市前的 KS 公司员工平均每人能拿到超过 6 个月的年终奖励，在 2021 年年初 KS 公司的薪资水平几乎是业界最高。无论是哪个公司的人才跳槽过来都有相当可观的涨幅，就算是应届生也能拿到平均 2.5 万元的薪资，并且免费提供一日四餐，每月还能提供 2000 元的住房补贴。可以说 2021 年上半年的 KS 公司一时风光无限，无论是薪资还是福利都属于国内第一梯队的范畴，这些都建立在 KS 公司每年营收的快速增长之上。KS 公司还在 2021 年 6 月末取消了大小周加班制度，更是收获了职场人的好评。

2021 年 10 月，KS 公司创始人兼首席执行官宣布退居二线，原首席产品官接任 CEO 的岗位，仅仅 25 天后，KS 公司发布了 2021 年第三季度财报，在平均日活跃用户和平均月活跃用户同比和环比都显著增长的同时，却出现了 70.9 亿元的亏损，市场预估亏损达到了 86.3 亿元，股价大幅缩水，距最高点已跌去 82%。此后，KS 公司便大张旗鼓地开始人员优化过程，尤其针对商业化部门和中层领导，近 30% 的员工被裁员，其中甚至包括入职不满半年的应届生，有些业务部门甚至整个编制被取消，免费餐食被取消，房补只针对缴纳社保年限三年内的员工。一时之间，整个 KS 公司处于舆论的风口浪尖，很多求职者在拿到了 KS 公司的 offer 后选择观望，对 KS 公司目前的发展产生了怀疑。

KS 公司作为我国短视频赛道 Top2 级别的头部企业，从风光上市、无数青年俊杰蜂拥而至到狼狈裁员、业界"人人喊打"的窘境只经历了不到一年的时间，在这一年中 KS 公司积极发展商业化，试图用重金吸引各方人才，在短时间内占领各地市场，但在薪资设计、人员招聘和激励政策等方面都欠缺考虑，导致积累了严重的经营问题，不得不仓皇撤出部分地区的业务，并进行"大动筋骨"的员工劝退，对自己的社会声誉造成了严重的影响。

为此，结合 KS 公司各个部门员工的访谈调研，从薪酬管理的视角对 KS 公司在全面薪酬和创新激励等方面的优点和不足做出如下总结。

一、KS 公司的全面薪酬体系构成

（一）有形薪酬

KS 公司在薪资方面一直是行业的领头羊，虽然财报显示出的亏损额仍然巨大，但是开出的 2022 届校招工资仍然处于高水平，算法岗的 SSP 总包年薪已经达到了 59 万元，其中：基础薪资为 3.5 万元 * 16 薪，还包括每月 2000 元的房补、4 万元的签字费，并且配发了 12 万元总额的股票，比起 2021 年仍有 15% 的涨幅，已经在货币报酬方面做到了最大的激励效果。

在创始人掌权阶段，KS 公司给予员工的福利相当慷慨，2021 年 KS 公司的第三季度财报中显示，2021 年 7—9 月，全公司的"雇员福利开支"约为 60.92 亿元，从 1—9 月总计为 160 亿元，其中：每位员工每日的食堂就餐标准按 120 元计算，确保满足员工一天四顿餐食的营养和口味要求，并且日常办公用品、饮料零食、夏天的冰点和疫情防控期间的防疫用品也是供应俱全，充分满足员工的物质需求。

（二）"老铁"文化

在 KS 公司内部最常见的称呼就是"同学"或者"老铁"，所谓"老铁"正是从东北话"铁哥们"中诞生出的流行语。"老铁"文化强调平等和包容，因为大家互不知道对方的职级，所以公司希望所有员工都能够直接、有效率的沟通，严禁官僚主义。所有的高管都在开放座位区办公，所有的职场均不设办公室，希望能够拉近管理人员和员工的距离，将企业的初心、现状和未来规划发展传递给普通员工，激发他们的活力与创造力。

除了企业的业务部门，KS 公司还拥有着人数众多的后勤保障部门，包括安保、食堂、前台和清洁人员，他们也会亲切地称呼公司员工为"老铁"，并且为"老铁"们提供海底捞式服务，与员工说话时必须保证声音洪亮且有感染力，雨天时还会到地铁站和公交站分发雨衣。此外，KS 公司还配备了隶属于 SSC（共享服务中心）部门数十人的内部"客服"团队，用来随时解答员工关于薪酬、社保、假期和用工关系等问题，在资产管理中心和财务部还设置了柜台式服务，全天候值班，可以说 KS 公司为员工的感受考虑得细致入微，在提升员工的幸福感方面追求极致，希望员工不会为了工作以外的事情分散精力，全身心地投入到创新产出中去。

KS 公司还进行了一项耗资巨大的公益性活动——"KS 公司的 500 个家乡"，即在 KS 公司 500 个员工家乡的繁华地段租赁了巨幅的广告牌，并醒目地写着"爸、妈，我在 KS 公司挺好的，不要担心我"。KS 公司作为一家以技术和产品为主营业务的网络与新媒体公司，进行这样的投入似乎难以得到太多的商业价值和转化。不仅如此，除举办了数年的"500 个家乡"活动外，KS 公司的"家乡心愿车"活动还开进了十二个省市员工的家乡，帮助员工们实现心愿，包括为家乡学校捐建篮球场、足球场、图书角、上一堂编程课，甚至为一名员工的父老乡亲专门放了一场露天电影和焰火。这些慈善活动也体现了 KS 公司"老铁"文化强调的质朴和热情，也为 KS 公司建立起了良好的社会形象，引起其他公司员工的羡慕，毕竟没有什么比被重视更能打动员工。当公司、员工和他们的家乡之间建立起连接，并激发出强烈的归属感，很多员工感慨道："公司在乎我，愿意让我们在家乡展示自己，这很重要，钱每家公司都会给，但选择在哪里，却不全因为钱。"这种对员工归属感的培养和认同感的激发，对员工创新意愿的激励程度往往比货币报酬更有效果。

图 7-1　"KS 公司的 500 个家乡"广告牌

（三）工牌生态

KS 公司非常重视"工牌认同"文化，所有员工包括外包员工和实习生都会配发和正式员工一样的工牌，工牌上也体现了许多 KS 公司元素，整体呈现 KS 公司 Logo，非常符合年轻员工的审美。KS 公司还推出了"能量券"这一内部等价物，可以通过在晚上八点后打卡获得，凭借能量券可以在园区内便利店和咖啡店免费购物；此外，KS 公司的工牌还可以使员工享受园区内的洗衣和理发服务，免费使用与 KS 公司合作的七家健身房，在租房中介享受折扣，定期与全城的商家合作给予员工特殊折扣，使 KS 公司的员工能够在北京的生活中获得更多的幸福感。

"工牌生态"在进一步便利了员工生活的同时，也使得公司本身展现了更多的人文关怀，使员工更加认同公司的企业文化，加深了归属感，更易于员工产生奉献和创新精神。

（四）KS 中学

"KS 中学"名称定位清晰独特，有别于其他公司的企业大学。最初，这是 KS 公司新员工培训项目的名称，后来内部一致认为其非常契合 KS 公司快速发展的现状。"中学"是人一生中接受大量正式教育且最为朝气蓬勃的关键时期，意味着可以试错，拥有无限可能，还未定型定性。"KS 中学"也将在这一阶段履行好育人职责，为员工的成长保驾护航。因此，"KS 中学"作为企业大学的名称被确定了下来。

"KS 中学"的培训体系又叫"快"系列，包含快 TALK（开放力）、快 LEAD（领导力）、快 UP（通用力）、快 TECH（专业力）、快 START（新人力）、快 TEACH（讲师力）、快 LEARNING（线上学习平台）和快 MENTOR（应届生导师制）八类品牌，能够对公司所有团队、层级、入职阶段和专业序列做到交叉覆盖。随着"KS 中学"团队规模不断壮大，内部梯队也逐渐成形，目前共分为领导力发展中心、专业力发展中心、培训运营中心三大板块。此外，除了策划实施横向拉通的综合类项目，"KS 中学"还履行着学习发展顾问的部分职能。

据"KS 中学"负责人介绍，"KS 中学"的所有同学都会以业务发展伙伴的身份，每人点对点支持 1~2 个不同的业务部门，做到既在语言上"接地气"，又在知识上"懂业务"。譬如，负责领导力条线的中学"同学"，同时会支持商业化、电商业务、产品业务的人才培养。通过"商夜话""产品分享周""运营训练营"和"电商分享月"等形式，"KS中学"创造出多个场域，促进跨业务知识的分享和探讨。同时，也沉淀出大量专业学习素材，每位同学都可以在申请权限后自由查看。

2018年下半年，"KS中学"开始搭建"快LEARNING"线上学习平台，并一直将其作为"KS中学"的S级项目（最优先）进行推进。这一套系统完全由KS自研，迄今已迭代四个功能版本，同时配套了大量线上内容的生产和运营内容。在开发时，除了撬动公司内部IT团队开发平台，"KS中学"还得到了内部数据分析（DS）团队的支持，将整个平台数据和内部HR数据直接打通。打通后，某个学员的状态可以瞬间调用几十个维度的数据分析，分析的精准度大大提升。截至2020年9月，快LEARNING的PV（网页点击量）破500万，当前日PV也稳定在10000至20000之间，线上课程600+门。仅2019年一年，便上线400+门课程，其来源包括三种：

（1）线下课程转移到线上。"KS中学"的学习内容线上化率在90%左右，大部分线下内容都已经同步到了平台上。

（2）直接采购和买断外部课程。"KS中学"和清华大学学堂在线、中欧商业在线、哈佛商业在线、腾讯课堂开展了诸多合作，引入了大量线上精品版权课程。

（3）内部自产学习内容。在"KS中学"自己生产的学习内容以及运营活动中，值得一提的是在平台上开设了直播功能（包括视频回放、倍速等很重要的细节功能体验）和讲师板块，用以增强和学员之间的交流。

156

图7-2 "快 TALK"现场

　　对于"KS 中学"来说,其最具特色的培训模式就是举办了大量的针对性强、可短期见效的项目,这类项目可实现敏捷交付,更适合互联网的快速节奏,适合解决眼前问题的培训课程。例如:安卓、JAVA、商业化等基础架构相关课程,能够看到更长远的人才培养路径,有自己的判断和坚持、有些长期执行才能见效的项目。有时老板会有疑虑,但是员工反映自己的确从中受益,便也会持续推行。在"快 TALK"项目中,"KS 中学"联动国内外多领域、跨学科专家、学者和精英来到"KS 中学"开讲,主题涵盖了基础科学、科技、教育、文化、艺术、历史、生活和未来发展等多个领域,这种"有趣"+"无用"的主题活动未必会和工作有关,但有助于员工跳出工作环境,从不同的视角,对世界进行多维观察和独立思考,在专业能力之外,"快 TALK"为员工进一步带来了综合能力的提升,更加开阔了员工进行创新行为的思路和视野。

二、KS 公司全面薪酬体系存在的问题

（一）薪酬结构不尽合理

KS 公司是短视频和电商赛道的一线大厂，所以为了进一步吸引高水平人才，KS 公司对于知识型员工薪酬的增长也较为迅速，这也体现了其在对于员工的挽留和激励上加大成本投入的决心。这类人力资本投入的持续增加无可厚非，因为这是企业之间长期相互博弈产生的结果，是行业自然形成的规律。但对于开发部门等技术部门进行薪酬设计时，其基本的固定收入占总收入的比例较高，这种薪酬结构在员工激励的过程中却不尽合理。主要原因是这种除年终奖外其他的薪酬数额都是过于简单的固定数额，再加上本来的薪酬就大大高于其他行业，容易导致核心的知识型人才对剩余价值及自身额外创造价值的索取大大降低，在这种情况下对员工的工作积极性、主动性会造成一定的影响。随着工作时间的积累，职场上就容易形成"躺平"的价值观。尽管 KS 公司已经在全面薪酬激励项目的各个环节下了很多心思，但没有针对性地对核心员工的特质来设计薪酬，浮动薪酬用于销售部门和可量化工作成果的职能部门，谈判工资、利润分享、剩余价值索取等形式也相对少见。

KS 公司在薪酬管理方面还需完善，在进行部门薪酬设计时往往只征询了高级人力资源管理者和部门领导的意见，而从事招聘工作的 HR 却没有机会参与到薪酬设计的环节中去，这就导致在与面试者进行薪酬谈判时难以进行深层次的讨论，难以解释薪酬模式的合理性，这可能会致使应聘者对于公司相关部门的发展前景和专业性产生疑问。

（二）绩效考核模式单一

在 KS 公司，或者说大多数知识型员工的绩效评价往往由其直接上级打分，因为其工作的产出对公司整体收益难以量化，这就导致可能出现"嫡系"文化的情况，因为很多基层管理者也是从技术专家中提拔的，没有系统的管理知识和管理技巧，更没有太多的时间去观察和考量下属的工作情况，所以每次的绩效考评过程中就容易出现一些偏差。

例如，管理者每次都给特定的人群高绩效，就会被外人认为这些人是管理者的嫡系员工，这种情况经常出现在新组建的部门中，因为外聘空降的领导往往会带来很多自己原公司的骨干，这就导致其他的员工产生不公平和不满的情绪。当然，在这种考评机制下，也造就了很多只注重表面的员工，这些员工只考虑如何把周报和汇报 PPT 做得好看，而不考虑实际产出，如果领导缺乏经验可能就会给这样的员工更高的绩效评价，打击了其他员工创新和产出的积极性，还容易助长这种错误的职场风气。

（三）同工不同酬

在大部分公司，对于每个具体的岗位有着固定的薪资，同一个岗位上的员工可能会在职级工资和工龄工资上有一些差异，但总体上差异不大。但在 KS 公司中，薪资往往是靠"谈判"来获得的。在招聘环节中，薪酬是最后才会确定的，等候选人通过了层层面试，提交了以往收入的流水凭证后，HR 会特意留出半个小时至一个小时的时间和候选人进行薪资的谈判，这是一个博弈的过程。HR 往往只对于薪酬有个最高值和最低值的限制，具体还需要综合候选人的工作地点、收入数额、上份工作在职时长等进行考虑，最终给予候选人一个在限制范围内的涨幅，总的来看，起到决策效用的关键指标是候选人的上份工作的薪酬。

这就导致了一个部门内员工的薪资水平参差不齐，承接同样需求，产出相近的两个员工可能在薪酬上有着一倍的差距，过往薪酬谈判不利的大龄员工，其薪酬也可能远低于应届生。虽然 KS 公司并没有明令禁止员工互相讨论工资水平，但是也将员工的工资档案设置为 C2 级别（第二高保密级）的保密文件，因为一旦员工了解到互相的薪资水平，较低薪资的员工必然会产生不满心理，从而造成效率降低或人员流动。

（四）职业生涯缺乏规划

在互联网公司中对于员工年龄的讨论一直是各方关注的焦点，"35岁"对于大多数互联网行业中的知识型人才确实造成了较大的压力，因为 IT 领域的知识迭代非常快，如果员工不能有效地学习掌握最新的知识，就很容易被薪酬要求更低的年轻人代替，这促使知识型员工对发展机会更加重视。此外，这些高水平的人才本身就有着强烈的成就动机，与一般人群相比，在要求高额的货币回报的同时也渴望自我实现，这就要求企业必须关注员工的个人职业生涯发展。

KS 的知识型员工多为技术型人才，但他们的领导往往技术能力薄弱，被诟病"外行管理内行"。这些中层领导对于手下的员工并没有很好的培养意识，因为高层领导在选拔管理者时过于重视管理类人才，而忽视了知识型员工的感受。因此，很多员工感受不到公司中层的领导力，认为其只是在合并下属的周报，为这些领导无法充分地认可自己的能力感到苦恼，也为自己未来的发展路径感到担忧。KS 曾不惜重金挖到许多行业大牛，但这些高水平员工在 KS 一段时间后，发现自身并没有什么提升，也看不到发展的途径，并且也感受到了部门中强大的晋升压力，只能选择离开，或者本着"少做事、少犯错"的原则进入到内耗的状态中去。

第三节　KS公司全面薪酬体系改进建议

一、做好知识型员工价值链的循环和优化

如今KS公司的发展路径和战略规划已经逐渐清晰，必须完善自身的人力资源管理体系，重视内功基础的培养和企业根基的维护。不能盲目追求短期利益，高额的货币薪酬和签字费的确能够吸引来高水平的人才，但是竞争对手也可以采用更高的薪酬来钳制你的薪酬策略，而且针对知识型员工创新的有形薪酬激励有可能侵蚀其内在的创新动力。

KS公司应尽可能为每个一级部门设计出富有竞争力、多层级且与工作成果和业绩挂钩的薪酬体系，并将其置于整个薪酬制度中的主导地位。这就要求丰富绩效考核的评价方法，确保直接上级能够合理合规地进行绩效打分，同时也应有监管部门进行核实和审批。但最终的目的是希望形成一种员工与企业整体营收风险共担的薪酬激励理念，将员工的货币报酬与各个部门的收益相关联，能够激发员工的自我实现潜力，并且避免其短期行为和思想上的浮动。

此外，也应根据核心知识型员工的个体贡献结合好股权分配、机会分配、奖金分配、福利分配、休假安排和职级规划等多种激励方式，使员工在获得货币报酬和晋升机会的同时增加在企业工作的幸福感和满

足感。

二、个性化工作设计

KS 公司应该将技术线与管理线区分清楚，一名优秀的员工要么向团队领导者的方向培养，要么将其沉淀为技术专家，切忌"身兼多职"，很多基层管理者还拥有着繁重的工作任务，这就使他难以抽身站在团队的角度去思考应该如何对目标进行优化，也难以考虑到每个员工的个性化发展。所以，如果要培养一个管理者，首先就应该减少他的技术 OKR，并进行彻底的管理培训。掌握团队管理方法，懂得新生代员工的工作习惯，能够激发其工作热情。知识型员工注重工作的完整性和独立性，希望拥有灵活自主的工作选择权，管理者应该尊重他们在工作中的自我要求和自我管理，提高他们对工作的满意度；其次，应让管理者根据每位员工的能力和学习意愿，设置一些具有挑战性或富有创造力的工作，培养其对现有工作的兴趣，从而满足知识型员工对内在偏好导向的需求，降低其离职倾向。

优秀的管理者肯定会要求更高的薪资，这种模式下必然导致更高的雇佣成本和培训成本，且这种模式产生积极影响需要时间，对管理者的选拔也比较严格。

三、完善内部沟通渠道

上下级之间的沟通与员工内部沟通，对打造良好的人际关系至关重要。良好的上下级沟通与员工内部沟通可以提升团队的凝聚力，增强员工的归属感，减少员工的工作压力。反之，沟通不畅往往会导致员工和领导及同事的关系紧张，引发员工之间的不和谐，从而不利于知识型员工乃至公司的发展。KS 公司的人力资源管理人员无论是从人数上还是职能上都有很大的发展空间。HRBP 的职责广且复杂，虽然很多 HRBP 参与了部门管理、人员招聘等多个环节，但却没有时间和精力与普通员工沟通，就算是定期的员工访谈也多由外包员工或实习生代劳，HRBP 只能得到汇总后的信息概览。此外，普通员工向上沟通的渠道也不通畅，大多数情况下只能由直接上级与跨级上级进行沟通，这就导致 KS 公司内部滞留了相当一部分不称职的基层干部和中层领导，就算普通员工对其意见非常大，但因没有有效的解决途径，最终只能对企业感到失望，选择离职。

要想完善企业内部的沟通渠道，一方面要继续重视人力资源管理侧的发展，将 HRBP 的工作合理分工，并且赋予一定的权力，建立起员工与 HRBP 安全的沟通模式；同时还应建立起严格的审查机制，HRBP 与普通员工共同监督，重点审查对象就是管理者。要及时发现管理者的不称职行为，并采取惩罚措施、及时止损，当然在整个过程中要保障普通员工的权益，使员工能够乐于沟通、敢于沟通，为自身创造良好的工作环境和条件。

四、减少"裙带效应"

2021 年，KS 公司大张旗鼓地进行商业化进程，从各个广告和电商大厂中挖来了许多顶尖人才和专家，由于专业人才过于密集，发现一些部门中的领导者和一半的员工均来自同一家公司，这就形成了很强的"裙带效应"，包括平时的绩效考核或是晋升渠道都涉及很多人的利益关系，而这种考核往往是直接领导的"一言堂"，难免会出现偏颇和一定的主观性。而其他的员工也自知竞争力不强，但又不知道该如何改变现状，大多数人就选择了"少做少错"的消极模式，甚至选择离职。

KS 公司应该严格控制一个部门内来源于同一家公司的员工数量，在条件允许的情况下应尽量平均分布，但也不是不允许挖来的专家带来自己的骨干下属，而是应该进一步加强 HRBP 的监管职能，确保各项涉及员工利益的考核有据可依，以此来激发员工的职业安全感。

五、完善职业规划长效机制

"KS 中学"在协助员工更好地规划自己的职业生涯方面已经给予了丰富的培训支持，但是企业也必须给员工提供可供发展的职业路径。传媒行业的 35 岁危机很大程度上来源于自身可替代性的增高和可成长性的僵化，公司应该对员工的发展路径进行设计，有意识地将其向着管理型人才或者技术型人才去培养。如果未来的规划是技术专家，那么就要在培养中更加深挖特定领域的知识和技能，沉淀成为在某方向上的技术专家；如果要进一步发掘一名员工的管理潜质，那么就需要将其逐渐从繁重的技术作业中脱离出来，当然不是完全脱离，也需要使其保持业务的敏感和技术的更新，并对其管理能力有意识地进行培养，并且在安排其管理岗位时应比外聘的管理人员更具优先性，保证其对自身发展的安全感。

但是以上的各项改进措施，都需要懂得管理方法和沟通技巧的领导者，还需要建立能够确保企业各项决策都能够真实、公平地施行的监管部门，以及功能更加强大、能够提供更多服务的人力资源部门，这无疑会增加企业的管理成本。全面薪酬的完善无疑可以增加员工的创新行为和工作产出，但也伴随着很大的机会成本和风险，这些需要企业管理者去认真考量。

第八章　总结与展望

第一节　研究结论

国内外业界关于全面薪酬的定义有很大差别。为了聚焦创新，本研究对全面薪酬概念进行了本土化界定，为改善研究成果本土化的适用性，故本研究课题对全面薪酬概念进行了本土化细分。目前，关于创新的研究多集中于传统制造业，对于提供无形产品的文化创意产业研究匮乏。结合行业要求和发展趋势，本书选取传媒公司员工作为研究对象，探讨创新相关影响路径；本研究对动机和心理授权作用于全面薪酬和员工创新行为之间的关系路径进行实证检验，得出如下结论：

（一）全面薪酬的影响机制

首先，运用文献研究法界定全面薪酬概念，包括有形薪酬和无形薪酬。有形薪酬主要用于满足员工生理、安全等较低的心理需求，其主要支付形式有基本工资、奖金、福利、津贴、补贴、绩效工资和各类保险等。无形薪酬主要用于满足员工社交、尊重和自我价值的心理需求，其支付方式主要有口头表扬、工作认同、晋升机会、发展前景、奖项荣誉、工作环境、企业培训、平衡员工工作和生活的各类实践等。

结合对行业资深 HR 的访谈，对 Sun Young Sung 和 Jin Nam Choi（2015）的研究量表进行本土化修正后，开发了全面薪酬测量量表。最后，通过回归分析，结果表明全面薪酬在有形薪酬和无形薪酬两个维度均对创新行为有显著的正向影响，其中，有形薪酬对创新行为的影响，呈现"正 U"形关系，而无形薪酬对员工创新行为的影响程度强于有形薪酬。

（二）动机的影响机制

首先，运用文献研究法对以往动机研究进行梳理，寻找动机测量量表。韩国文化和我国文化具有趋同性，故本研究选取韩国学者 Sun Young Sung 和 Jin Nam Choi（2015）的研究量表，并根据问卷前测结果进行修正。

然后，应用回归分析法研究动机对员工创新行为的直接作用，分析结果表明，动机对创新行为有显著的正向影响。

最后，结合回归分析法和层级分析法检验内外动机两个维度对全面薪酬和创新行为的影响机制，分析结果表明，内在动机和外在动机分别在有形薪酬和无形薪酬与员工创新行为之间起着部分中介作用，其中介效应运用结构方程模型得到验证。

（三）心理授权的影响机制

首先，运用文献研究法对以往心理授权研究进行梳理，寻找心理授权测量量表。李超平等学者对 Spreitzer（1995）开发的心理授权测量量表在中国文化背景下进行了适用性检验，具有很强的适用性。因此，本研究沿用 Spreitzer（1995）开发的量表对员工心理授权进行测量。

其次，应用回归分析法研究心理授权对员工创新行为的直接效用。分析结果表明，心理授权对创新行为有显著的正向影响，且心理授权的四个维度对创新行为影响程度不同，从高到低依次是工作意义、自我效能、自我影响力、自主性，其中自主性对员工创新行为的影响不显著。

最后，结合回归分析法和层级分析法检验心理授权对全面薪酬和创新行为的影响机制。分析结果表明，心理授权在有形薪酬与员工创新行为之间起着完全中介作用；心理授权在无形薪酬与员工创新行为之间起着部分中介作用，其中介效应通过结构方程模型得到验证。

（四）全面薪酬设计的实施与案例分析

通过对全面薪酬体系设计原则和步骤的梳理，从规范上提出了实施全面薪酬设计的实践依据和操作流程。薪酬作为员工极为敏感的话题，同时也是企业极为关注的成本控制点，是维护劳资关系和员工人际关系的重要途径。以激励员工创新为导向的全面薪酬体系设计，要与企业整体战略保持一致，不仅关注薪酬的内部和外部公平，争取员工的普遍接受，而且还要在支付能力允许的前提下实现最大程度的创新激励效果。为此，全面薪酬体系设计工作本身的计划性、分阶段、分步骤是保障全面薪酬顺利实施的重点。此外，强化科学测算、保持全面沟通、及时评估和修正政策措施也是全面薪酬顺利实施的保障。由于全面薪酬构成丰富多样、激励效果不一、实施难度较大，本研究最后通过对短视频头部公司全面薪酬体系实践进行梳理，对全面薪酬在实施过程中的经验进行总结，对存在的问题进行分析，为传媒公司实施全面薪酬管理提供有益借鉴。

第二节　研究局限性

受到客观条件约束，本研究选择传媒行业比较发达的北京、上海、广州、深圳四个城市的传媒公司作为调研对象，共获得调研样本数量231 份（有效样本为 200 份），基本满足要求。但调研企业样本数量需进一步扩大，以使分析结果更有代表性。因此，研究结论能否适用于其他地区的相关行业或其他行业还需进一步验证。

本研究的测量变量为全面薪酬、员工创新行为、动机和心理授权，调研分析变量数据均为主观数据，会受到社会称许性影响，使研究结果产生一定偏差。如能收集到客观数据，将很大程度上提高研究质量，主要原因有：一是企业的薪酬体系属于商业机密，即使能与一些企业达成一致获得相关数据，但也不能得到所有企业的配合；二是创新行为的测量，虽然在一定程度上能避免实验偏差，但仍会受到社会称许性的影响。

第三节　未来研究方向

本研究实证立足于传媒公司，得到与以往不一致的研究结果，并提出了新的理论与实践解释，但极具价值的研究方向需进一步探索。

　　本研究选择传媒公司员工整体作为研究对象，若将传媒公司员工进行分类，通过分析不同岗位类别的员工全面薪酬与员工创新行为关系的差异，应该会有更深入的发现。因此，未来的研究方向可以细分到传媒公司不同岗位职能的员工。

　　本研究仅选择传媒行业比较发达的北京、上海、广州、深圳四个城市传媒公司作为调研对象，具有行业属性、区域属性和文化属性。本研究结果是否可以推广到其他行业或其他地区，以及与我国文化背景相差悬殊的其他国家，需要谨慎斟酌。未来研究可以探索引入一些具体的行业变量、区域变量和文化变量，进一步拓宽研究范围。

　　本研究引入动机和心理授权两个中介变量，并得到一些有价值的研究结论。本研究从全面薪酬两个维度对员工创新激励进行研究，就目前全面薪酬制度来看，主要存在"激励不到和激励不足"的问题，因此未来的研究可以引入报酬金额、股权比例、带薪假期等可量化的预测变量进行探索，进一步将全面薪酬激励制度落实。此外，如何多维度激发员工创新能力将是未来的研究趋势。

　　希望本研究结果能够抛砖引玉，为今后学者研究提供一些思路，为传媒公司管理者提升员工创新能力提供决策参考。

附录 1　关于创意员工薪酬的调查问卷

尊敬的女士/先生:

　　您好！非常感谢您能在百忙之中填写这份问卷。这是一项针对传媒公司的薪酬与创新行为的调查问卷，您提供的数据都会进行保密处理，问卷所涉及的数据仅仅用作课题研究，没有其他的商业用途。

　　一、下面是有关您个人及公司基本信息的描述，请您根据实际情况，在最符合的选项上打"√"或涂上颜色。

年龄	①30（含）岁以下　②31～35 岁　③36～40 岁　④41～50 岁　⑤51（含）岁以上
性别	①男　②女
学历	①高中以下　②高中或中专　③大专　④本科　⑤硕士及以上
工作年限	①2（含）年以下　②2～5（含）年　③5～10（含）年　④10 年以上
职务等级	①普通员工　②基层管理者　③中层管理者　④高层管理者　⑤其他
基本工资	①5000（含）元以下　②5001～8000 元　③8001～10000 元 ④10001～15000 元　⑤15001～20000 元　⑥20001～30000 元 ⑦30001～50000 元　⑧50000 元以上

续表

薪酬构成（可多选）	①固薪（无责任底薪）　②绩效收入（绩效收入占比：□0%～25%□26%～40%□41%～50%□50%～60%□61%～70%□70%以上）③奖金（提成）　④带薪年假　⑤补充医疗保险　⑥寿险/意外险⑦俱乐部会籍　⑧带薪病假　⑨交通补贴　⑩餐费补贴　⑪补充养老⑫补充住房　⑬教育资助　⑭通勤车辆　⑮股权激励　⑯其他
公司类型	①国有公司　②集体所有制公司　③私营或民营公司　④中外合资（外资）公司　⑤股份制公司 ⑥其他_____
公司规模	①50（含）人以下　②51～100人　③101～150人　④151～200人⑤201～500人 ⑥501～1000人　⑦1000人以上

二、下列是完成工作任务的原因，请在符合您情况的选项上打"√"或涂上颜色。

描述 1=完全不符合；2=较不符合；3=不确定；4=较符合；5=完全符合	符合程度				
IM1 可以实现自我价值	1	2	3	4	5
EM1 获得更好的福利保障	1	2	3	4	5
IM2 工作任务是个有意思、有趣的活动，对我很有吸引力	1	2	3	4	5
IM3 可以得到领导或同事的认可	1	2	3	4	5
EM2 可以应付我的消费支出	1	2	3	4	5
IM4 工作技能可以得到提升，获得更多机会	1	2	3	4	5
IM5 实现/符合自我职业规划	1	2	3	4	5
EM3 扩大人脉取得更好的业绩	1	2	3	4	5

三、下列题目是对工作中有关创新行为的描述，请在符合您情况的选项上打"√"或涂上颜色。

描述	符合程度				
1=完全不符合；2=较不符合；3=不确定；4=较符合； 5=完全符合					
IB1 我善于发现工作中或市场中不常出现的问题	1	2	3	4	5
IB2 我会主动寻找可以改善工作流程或服务水平等方面的机会	1	2	3	4	5
IB3 我曾主动对工作任务提出新的构想或新的创意	1	2	3	4	5
IB4 我会从不同的角度看待工作中的问题，以获得更深入的见解	1	2	3	4	5
IB5 我敢于冒一定的风险以支持新构想或新方案的施行	1	2	3	4	5
IB6 我曾为部门效益的提升，有意识地改变自己的工作行为	1	2	3	4	5
IB7 我会设法修正和解决创新实施过程中出现的问题	1	2	3	4	5
IB8 我会总结创新过程中的经验和教训	1	2	3	4	5

四、下列题目是对您在目前工作中有关个人的感受描述，请在符合您情况的选项上打"√"或涂上颜色。

描述	符合程度				
1=完全不符合；2=较不符合；3=不确定；4=较符合； 5=完全符合					
PE1 胜任现公司工作岗位对我来说非常有意义	1	2	3	4	5
PE2 完成工作任务对我个人来说非常有意义	1	2	3	4	5
PE3 我自己可以决定如何来完成我的工作任务	1	2	3	4	5
PE4 在工作任务设定中，我有很大的自主权和独立性	1	2	3	4	5

续表

描述	符合程度				
1=完全不符合；2=较不符合；3=不确定；4=较符合；5=完全符合					
PE5 我掌握了完成工作所需要的各项技能	1	2	3	4	5
PE6 我认为我掌握的工作技能可以出色完成工作	1	2	3	4	5
PE7 我对发生在本部门的事情起着很大的决定作用	1	2	3	4	5
PE8 我对发生在本部门的事情有重大的影响作用	1	2	3	4	5

五、单位提供的下列哪些制度和条件可以促进并激发您的创新行为，在您认为最合适处打"√"或涂上颜色。

描述	符合程度				
1=完全不符合；2=较不符合；3=不确定；4=较符合；5=完全符合					
TR1 可以获得创新相关的经济（奖金/绩效激励）奖励	1	2	3	4	5
TR2 可以获得创新相关的公司股份奖励	1	2	3	4	5
IR1 可以获得更多的晋升机会	1	2	3	4	5
IR2 可以获得领导及同事认可和鼓励	1	2	3	4	5
IR3 可以获得精神奖励，如荣誉证书	1	2	3	4	5
IR4 公司提供舒适工作环境，激发我有更多创意	1	2	3	4	5
IR5 公司弹性工作制，会促进我积极工作	1	2	3	4	5
IR6 在创新时可以获得单位或同事帮助	1	2	3	4	5
IR7 可获得额外的带薪休假机会	1	2	3	4	5
IR8 创新理念的内部宣传（例如讲座培训）	1	2	3	4	5
IR9 公司薪酬制度的公平性，能提高我的工作积极性	1	2	3	4	5

描述	符合程度				
1＝完全不符合；2＝较不符合；3＝不确定；4＝较符合；5＝完全符合					
IR10 宽松的创新氛围（容忍反对意见，宽容失败），能促使我工作创新	1	2	3	4	5
TR3 个人收益性（例如项目运行后持股、分红等奖励）的创新项目更激发我工作	1	2	3	4	5
TR4 个人奖金性（例如结项时的一次性奖金奖励）的创新项目更让我心动	1	2	3	4	5
TR5 针对项目团队的经济性奖励，能促使我工作创新	1	2	3	4	5
IR11 针对项目团队的精神性奖励（荣誉证书、表扬等），能促使我工作创新	1	2	3	4	5
IR12 丰富化工作内容，能激发我创新工作	1	2	3	4	5
IR13 创新行为让员工得到嘉奖的先例，能够促进我创新	1	2	3	4	5
IR14 提高对企业的危机意识宣传，能激发我主动创新工作	1	2	3	4	5

附录 2 关于传媒公司员工薪酬制度的 访谈提纲

（1）依据您个人工作经验，您认为传媒公司与传统企业在人力资源管理方面最主要的区别在哪里？其可以帮助传媒公司提高绩效或竞争优势吗？

（2）请您谈谈贵公司在人力资源管理的各方面（包括培训、福利、激励、员工关系等）的具体政策措施，其中哪些措施有效地促进了贵公司员工的创新行为，为什么？

（3）参照本研究总结的有形与无形薪酬的内容（有形薪酬的主要支付形式有基本工资、奖金、福利、津贴、补贴、绩效工资、各类保险等，主要用于满足员工生理、安全等较低的心理需求。无形薪酬支付方式主要有口头表扬、工作认同、晋升机会、发展前景、奖项荣誉、工作环境、企业培训、平衡员工工作和生活的各类实践等，主要用于满足员工社交、尊重和自我实现的心理需求），对以上均未谈到的方面进行追问，请访谈对象结合企业实际谈谈看法。

（4）您认为哪几项与员工创新行为有关的薪酬实践对员工创新行为最重要？为什么？

参考文献

中文文献：

[1] 刘伟．成长型中小企业全面薪酬体系设计［D］．长沙：湖南师范大学，2009．

[2] 钟小娜．高新企业知识型员工全面薪酬体系设计［D］．成都：西华大学，2009．

[3] 林立．以心理授权为中介的领导风格与员工创新行为关系研究：以 Z 公司为例［D］．杭州：浙江大学，2011．

[4] 杨英．人—组织匹配、心理授权与员工创新行为关系研究［D］．长春：吉林大学，2011．

[5] 崔武江．心理授权、心理所有权与员工创新行为的关系研究［D］．长春：吉林大学，2012．

[6] 赵明兰．变革型领导对员工创新行为的影响机制研究［D］．成都：西南财经大学，2013．

[7] 高威．C 公司全面薪酬管理体系设计研究［D］．大连：大连海事大学，2015．

[8] 王洋．B 公司全面薪酬体系设计研究［D］．哈尔滨：哈尔滨工

程大学，2018.

[9] 王惊. 双视角下积极追随原型对领导授权赋能行为和员工创新行为影响机制的研究 [D]. 长春：吉林大学，2019.

[10] 宋思远. 企业员工工作场所学习对其创新行为影响研究 [D]. 西安：西北大学，2019.

[11] 阎家伟. 互联网企业知识型员工全面薪酬激励制度研究 [D]. 长春：东北师范大学，2019.

[12] 俞士毛. A 互联网公司新生代员工离职倾向的原因及对策研究 [D]. 蚌埠：安徽财经大学，2020.

[13] 杨玥. 组织创新价值观对员工创新行为的影响机制研究 [D]. 昆明：云南财经大学，2021.

[14] 李超平，李晓轩，时勘，陈雪峰. 授权的测量及其与员工工作态度的关系 [J]. 心理学报，2006 (01).

[15] 刘云，石金涛. 组织创新气氛与激励偏好对员工创新行为的交互效应 [J]. 管理世界，2009 (10).

[16] 宋典，袁勇志，张伟炜. 创业导向对员工创新行为影响的跨层次实证研究——以创新氛围和心理授权为中介变量 [J]. 科学学研究，2011，29 (8).

[17] 刘云. 自我领导与员工创新行为的关系研究——心理授权的中介效应 [J]. 科学学研究，2011，29 (10).

[18] 张银，李燕萍. 领导风格、心理授权与员工创造力：基于中国电力行业的实证研究 [J]. 科技进步与对策，2011，28 (21).

[19] 杨英，李伟. 心理授权对个体创新行为的影响——同事支持的调节作用 [J]. 中国流通经济，2013，27 (3).

[20] 陈樑.员工自主创新贡献度激励机制的研究 [J].管理观察，2014 (1).

[21] 朱颖俊，裴宇.差错管理文化、心理授权对员工创新行为的影响：创新效能感的调节效应 [J].中国人力资源开发，2014 (17).

[22] 卿涛，章璐璐，王婷.体面劳动测量及有效性检验 [J].经济体制改革，2015, 33 (4).

[23] 石冠峰，杨高峰.真实型领导对员工创新行为的影响：领导—成员交换和心理授权的中介作用 [J].领导科学，2015 (26).

[24] 周月平.三点定位全面薪酬设计 [J].人力资源，2015 (9).

[25] 颜爱民，陈丽.高绩效工作系统对员工行为的影响——以心理授权为中介 [J].中南大学学报 (社会科学版)，2016, 22 (3).

[26] 丁琳，耿紫珍，白少君.工作压力对员工创造力的权变作用——心理授权的调节效应 [J].科技进步与对策，2017, 34 (17).

[27] 李贵卿，井润田，玛格瑞特·瑞德.人际间社会支持对创新行为与绩效的影响——中美传统工作伦理比较 [J].贵州社会科学，2018 (6).

[28] 孙建兵.研发人员的全面薪酬体系设计及应用 [J].现代经济信息，2019 (18).

[29] 周叶，王青青.员工创新行为影响因素的国外研究述评与展望 [J].重庆工商大学学报 (社会科学版)，2019, 36 (5).

[30] 杨刚，宋建敏，纪谱华.员工创造力与越轨创新：心理特权和道德推脱视角 [J].科技进步与对策，2019, 36 (7).

[31] 卡尔·波兰尼，冯钢，刘阳.大转型：我们时代的政治与经济起源 [M].杭州：浙江人民出版社，2007.

［32］吴思. 员工创新行为及其主体性激励研究 ［M］. 北京：经济科学出版社，2011.

英文文献：

［1］GUILFORD J P. Creativity ［J］. American Psychologist, 1950, 5 (9).

［2］AMABILE T M. The social psychology of creativity: A componential conceptualization ［J］. Journal of personality and social psychology, 1983, 45.

［3］WINSTONA S, BAKER J E. Behavior analytic studies of creativity: A critical review ［J］. The Behavior Analyst, 1985, 8 (2).

［4］AMABILE T M. A model of creativity and innovation in organizations ［J］. Research in organizational behavior, 1988 (10).

［5］CONGER J A, KANVNGO R N. The Empowerment Process: Integrating Theory and Practice ［J］. The Academy of Management Review, 1988, 13 (3).

［6］EDWARDS M R. Measuring. Creativity at Work: Developing A Reward-For-Creativity Policy ［J］. The Journal of Creative Behavior, 1989, 23 (1).

［7］West M, Farr J L. Innovation and creativity at work: Psychological and organizational strategies ［J］. Health Policy, 1991, 45 (3): 175-86.

［8］EISENBERGER R. Learned industriousness ［J］. Psychological Review, 1992, 99 (2).

［9］AMABILE T M, Hill K GHENNESSEY B A, et al. The work preference inventory: Assessing intrinsic and extrinsic motivational orientations [J]. Journal of Personality and Social Psychology, 1994, 66 (5).

[10] SUSANNE G S, REGINALD A B. Determinants of Innovative Behavior: A Path Model of Individual Innovation in the Workplace [J]. Academy of Management Journal, 1994, 37 (3).

[11] HOMH L, BERGER M, DUNCAN M K, MILLER A, BLEVIN A. The effects of cooperative and individualistic reward on intrinsic motivation. [J]. The Journal of genetic psychology, 1994, 155 (1).

[12] SCOTT S G, BRUCE R A. Determinants of innovative behavior: A path model of individual innovation in the workplace [J]. Academy of Management Journal, 1994, 37 (3): 580-607.

[13] GRETCHENM S. Psychological Empowerment in the Workplace: Dimensions, Measurement, and Validation [J]. Academy of Management Journal, 1995, 38 (5).

[14] EISENBERGER R, CAMERON J. Detrimental effects of reward: Reality or myth? [J]. American Psychologist, 1996, 51 (11): 1153.

[15] SHALLEY C E, OLDHAM G R. Competition and Creative Performance: Effects of Competitor Presence and Visibility [J]. Creativity Research Journal, 1997, 10 (4).

[16] AMABILE T M, CONTI R. Changes in the work environment for creativity during downsizing [J]. Academy of Management Journal, 1999, 42 (6).

[17] EISENBERGER R, HASKINS F, GAMBLETON P. Promised reward and creativity: Effects of prior experience [J]. Journal of Experimental

Social Psychology, 1999, 35 (3).

　　[18] EISENBERGER R, RHOADES L. Incremental effects of reward on creativity [J]. Journal of personality and social psychology, 2001, 81 (4).

　　[19] FAIRBANK J F, WILLIAMS S D. Motivating creativity and enhancing innovation through employee suggestion system technology [J]. Creativity and Innovation Management, 2001, 10 (2).

　　[20] KLEYSENF R, STREET C T. Toward a Multidimensional Measure of Individual Innovative Behavior [J]. Journal of Intellectual Capital, 2001, 3 (2).

　　[21] ZHOU J, GEORGE J M. When job dissatisfaction leads to creativity: Encouraging the expression of voice [J]. Academy of Management Journal, 2001, 44 (4).

　　[22] DIJK C V, ENDE J V D. Suggestion systems: transferring employee creativity into practicable ideas [J]. R & D Management, 2002, 32 (5).

　　[23] BAER M, OLDHAM G R, Cummings A. Rewarding creativity: when does it really matter? [J]. The Leadership Quarterly, 2003, 14 (4).

　　[24] VANSTEENKISTE M, ZHOU M, LENS W, et al. Experiences of autonomy and control among Chinese learners: Vitalizing or immobilizing? [J]. Journal of Educational Psychology, 2005, 97 (3).

　　[25] YANG Q. WANG L. PENG J. The apprehension of implement: Moderating effect of the thinking manner Zhong Yong on relationship of creativity ability and innovation behavior [J]. International Journal of

Psychology，2008，43.

[26] EISENBERGER R，ASELAGE J. Incremental effects of reward on experienced performance pressure：Positive outcomes for intrinsic interest and creativity [J]. Journal of Organizational Behavior，2009，30（1）.

[27] SCHUMPETER J A. The theory of economic development [M]. Cambridge：Harvard University Press，1934.

[28] MANAS T M，GRAHAM M D. Creating a total rewards strategy：A toolkit for designing business - based plans [M]. New York：American Management Association，2003.